Peter Krammer

FH-GURU

Die erfolgreiche Fachhochschul-Bewerbung

4. unwes. veränd.

Wien, 2005

ISBN 3-9501683-0-3

www.fachhochschulen.com

Krammer, Peter
FH-GURU : Die erfolgreiche FH-Bewerbung /
Krammer Peter
- 4. unwes. veränd. Aufl.
- Wien, 2005
ISBN 3-9501683-0-3

Printed in Austria

INHALTSVERZEICHNIS

Liebe Bewerberin, Lieber Bewerber!

In diesem Buch finden Sie die wichtigsten Grundlagen zum Thema „Aufnahmeverfahren an österreichischen Fachhochschul-Studiengängen."

Nach einer allgemeinen Einleitung werden Ihnen die Selektionsverfahren einzeln vorgestellt. Zunächst werden diese Verfahren aus theoretischer Sicht betrachtet, damit Sie als Bewerber den Hintergrund der Selektionskriterien kennen lernen. Anschließend werden zu jeder Stufe der Auswahlverfahren praktische Tipps und Tricks gegeben.

Im Anhang haben finden Sie einige Musterlebensläufe und Mustermotivationsschreiben.

Alles Gute für Ihre Bewerbung und viel Spaß beim Lesen!

1 Einleitung und theoretischer Hintergrund der Aufnahmeverfahren

Die einleitende Darstellung der Bewerberentwicklung an Österreichs Fachhochschulstudiengängen basiert auf den vom österreichischen Fachhochschulrat veröffentlichten Statistiken.

Die Möglichkeit eines Fachhochschulstudiums besteht in Österreich seit dem Studienjahr 1994/95. Bereits seit diesem Jahr reichen die vorhandenen Studienplätze nicht aus, um die hohe Nachfrage zu befriedigen. Die nachstehende Abbildung zeigt die Entwicklung von Bewerbern und aufgenommenen Bewerbern:

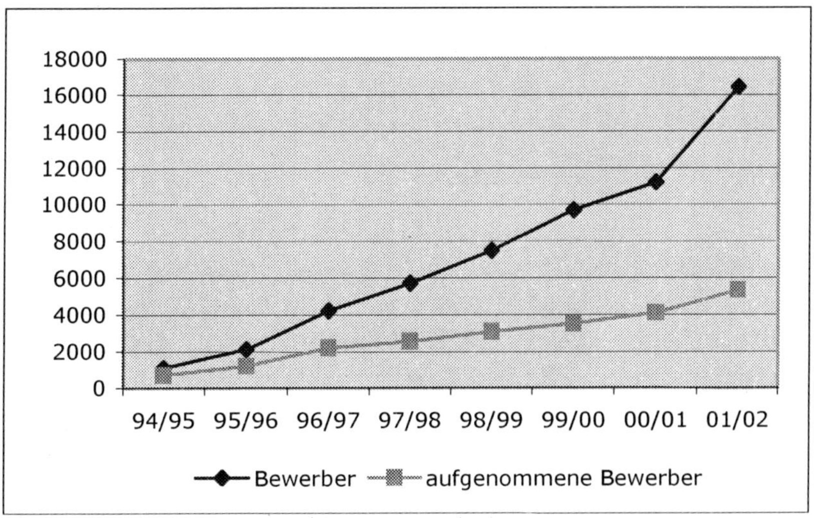

Wie aus der Abbildung hervorgeht, fanden im Studienjahr 2001/2002 mehr als 11.000 Bewerber keinen Studienplatz. Obwohl im Studienjahr 2001/2002 fast achtmal so viele Bewerber wie im Studienjahr 1994/1995 aufgenommen wurden, ist es schwieriger geworden einen Studienplatz zu bekommen. Aus der vorigen Abbildung lässt sich das durchschnittliche Verhältnis von erfolgreichen und abgelehnten Bewerbern, wie in der folgenden Abbildung dargestellt, ableiten:

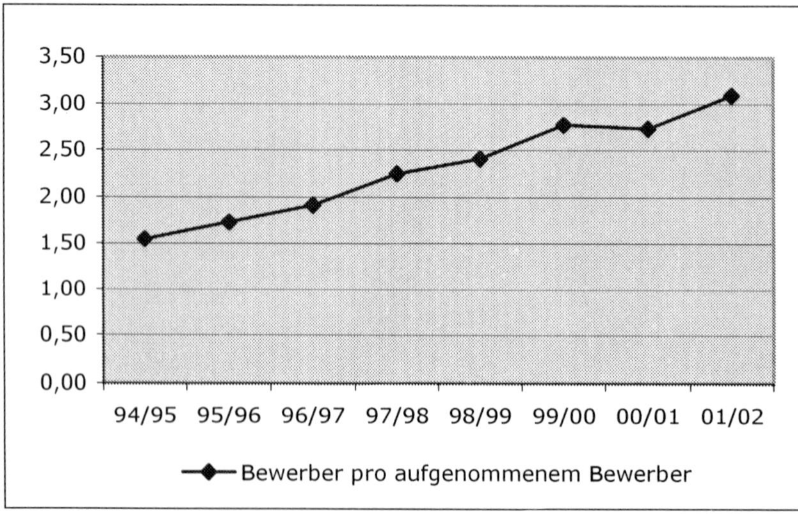

Im Jahr 2001 kamen im Durchschnitt auf einen Studienplatz bereits mehr als drei Bewerber. Damit wurden weniger als ein Drittel der Bewerber aufgenommen. An manchen Fachhochschul- Studiengängen stehen einem Studienplatz sogar mehr als 17 Bewerber gegenüber.

Der Ansturm auf die Fachhochschul-Studiengänge ist hoch und eine Trendwende ist bis heute nicht in Sicht. Vor diesem Hintergrund beschäftigt sich das vorliegende Buch mit dem Aufnahmeverfahren an Österreichs Fachhochschul-Studiengängen.

2 Schriftliche Bewerbungsunterlagen

2.1 Definition und wichtige Hinweise

Schriftliche Bewerbungsunterlagen zu definieren fällt insofern schwer, als in der Literatur kaum Definitionen zu finden sind. So werden schriftliche Bewerbungsunterlagen in der Regel eher praktisch über Ihre Inhalte und ihre Zusammensetzung definiert. Folgende Elemente zählen zu den schriftlichen Bewerbungsunterlagen: Lebenslauf, Zeugnisse, Lichtbilder, Personalfragebögen, Referenzen, Bewerbungsschreiben und Arbeitsproben.

Ganz allgemein kann man die schriftlichen Bewerbungsunterlagen aber auch als erste Arbeitsproben sehen, die von potentiellen Studenten vorgelegt werden und Informationen zur Person des Bewerbers liefern.

Das zeitgerechte Einsenden der erstellten schriftlichen Bewerbungsunterlagen ist meist der erste Schritt der Fachhochschul-Aufnahmeverfahren. Art, Umfang und Bewertung der schriftlichen Bewerbungsunterlagen sind von Studiengang zu Studiengang verschieden. Manchmal sind nur ein paar Formulare auszufüllen, manchmal müssen zusätzlich ein Lebenslauf, Lichtbilder, ein Motivationsschreiben, Schulzeugnisse, Arbeitszeugnisse, und Referenzen beigelegt werden.

⏭ **An die Formvorschriften halten!**

Wichtig ist, dass Sie sich ganz genau an die Formvorschriften und Regelungen zum Ausfüllen und Erstellen der Bewerbungsunterlagen halten. Sie wissen ja nicht, welchen Einfluss die schriftlichen Bewerbungsunterlagen auf den Ausgang des Auswahlverfahrens an Ihrem Studiengang haben. Daher sollten Sie sicherheitshalber sehr exakt arbeiten. Ordentliche und formvorschriftsgemäß ausgefüllte Bewerbungsunterlagen sind in jedem Fall eine erste Visitenkarte die einen guten Eindruck hinterlässt.

Sollten Sie beim Ausfüllen auch nur einen kleinen Fehler machen, dann verwerfen Sie die Unterlagen und beginnen Sie von vorn. Jeder noch so kleine Fehler kann dazu führen, dass Ihre Bewerbung abgelehnt wird, wenn die anderen Bewerber bei sonst gleichen Qualifikationen weniger Fehler gemacht haben sollten. Vergessen Sie nie, dass sich an einzelnen Studiengängen bis zu 17 andere Bewerber um Ihren Studienplatz bemühen.

Bevor Sie mit dem Ausfüllen und Erstellen der schriftlichen Bewerbungsunterlagen beginnen, sollten Sie alles über Ihre FH und Ihren Studiengang wissen, was Sie aus allgemein zugänglichen Quellen an Informationen einholen können. Dazu gehören beispielsweise Informationen über die Fachgebiete die unterrichtet werden, über deren Lehrinhalte, über Studiengebühren, Anzahl der Wochenstunden, und so weiter. Es kann durchaus vorkommen, dass diese Informationen in versteckter Form in den Bewerbungsunterlagen abgefragt werden. Sollte aus Ihren Angaben hervorgehen, dass Sie sich nicht ausreichend über Ihre zukünftige Ausbildung informiert haben, nimmt man an, dass Ihre Bewerbung an diesem einen Fachhochschul-Studium nicht besonders ernst ist.

⏭ Informieren, informieren, informieren!

Nehmen Sie sich daher mindestens 10 Stunden Zeit, sich ausführlichst über Fachhochschul-Studiengänge allgemein und über Ihren Studiengang im Speziellen zu informieren. Diese zehn Stunden sind gut investiert. Sie werden Ihnen auch im Bewerbungsgespräch weiterhelfen.

Nachdem Sie alle Informationen gesammelt haben, versuchen Sie zu analysieren, was die FH genau bietet, und was Sie von ihren Bewerbern erwartet. Das geht fast immer aus dem Informationsmaterial und dem Internet hervor. Finden Sie keine diesbezüglichen Angaben, dann sehen Sie sich einfach an, welche Fähigkeiten Sie nach Studienende haben werden. (Unsere Absolventen weisen ein hohes Konfliktlösungspotenzial, fächerübergreifendes Denken,... auf.) Man will nicht jedem diese Fähigkeiten beibringen, sondern nur jenen, die diese schon als Bewerber in Ansätzen mitbringen. Diese Fähigkeiten sind es dann, die man von Ihnen erwartet.

Nur wenn Sie sich gut vorbereitet haben, können Sie die richtigen Antworten geben. Wenn beispielsweise großer Wert auf Teamfähigkeit gelegt wird, dann führen Sie im Lebenslauf eher Teamsportarten als Einzelsportarten an. Wenn man von Ihnen rhetorische Kompetenz verlangt, dann erwähnen Sie Ihren gewonnenen Redewettbewerb. Wenn Sie berufstätig sind, werden Sie überhaupt sehr leicht passende Qualifikationen finden.

⏭ Ein klares Profil zählt!

Versuchen Sie in den Bewerbungsunterlagen immer ein klares Profil von sich zu zeichnen. Überlegen Sie sich ganz genau, in welchen Bereichen Ihre Stärken und Schwächen liegen. Wo sind Sie wirklich gut? Was können Sie hervorragend? Das alles unterscheidet Sie von Ihren Mitbewerbern. Ist es auch noch FH-relevant, dann sind Sie den anderen schon drei Schritte voraus, vorausgesetzt Sie führen diese Fakten auch tatsächlich an. Waren Sie beispielsweise einmal Schulsprecher und führen das nicht an, dann sind Sie selbst schuld.

Sollten Sie angeben müssen, ob Sie sich auch an anderen Fachhochschul-Studiengängen beworben haben, dann sollten Sie dies nur tun, wenn diese eine ähnliche Fachrichtung abdecken. Es ist durchaus legitim, dass Sie sich an zwei oder drei Studiengängen mit Elektrotechnikschwerpunkt bewerben. Konzeptlos sieht es aber aus, wenn Sie sich auf einer FH mit Fokus auf Elektrotechnik, auf einer mit Sozialarbeitschwerpunkt und einer mit Wirtschaftschwerpunkt bewerben. Hier ist dem Begutachter sofort klar, dass Sie kein eindeutiges Ziel haben.

3 Elemente der schriftlichen Bewerbungsunterlagen

3.1.1 Personalfragebögen

Der Personalfragebogen fordert Angaben zur Person sowie zum schulischen und beruflichen Werdegang ein. Er ordnet nach einem einheitlichen Schema die wichtigsten Auswahlinformationen an und erleichtert die Vergleichbarkeit der Bewerber beispielsweise nach Alter, Qualifikation, und anderen Kriterien.

Die Fragen im Personalfragebogen sind auf Daten beschränkt, die für die Aufnahme von Studenten und deren spätere Tätigkeit wichtig sind. Es wird darauf verzichtet, mit den Fragen möglichst viele persönlichen Belange des Bewerbers zu beleuchten. Der Personalfragebogen dient demnach der standardisierten Erhebung einstellungsrelevanter Daten der Bewerber, um einen Vergleich zwischen den einzelnen Kandidaten auf gleichen Grundlagen basieren zu lassen.

Die Bezeichnung „Personalfragebogen" kommt aus dem Bereich der Personalwirtschaft. Obgleich es sich bei FH-Bewerbern nicht um Personal handelt, wird dieser Begriff auch in den Fachhochschul-Auswahlverfahren angewendet. Der Personalfragebogen ist nichts anderes als ein Formular, das persönliche Daten der Bewerber standardisiert abfragt. Diese Daten sind beispielsweise: Vorname, Nachname, akademischer Grad, Geburtsdatum, Schulbildung, Arbeitserfahrung, und so weiter. Der Personalfragebogen hat den Sinn, die Daten der Bewerber schnell vergleichen zu können. Er lässt dem Bewerber keinerlei Formfreiheiten. Er tritt meist in

Formularform auf und ist entweder handschriftlich oder maschinell auszufüllen.

Beim Ausfüllen des Personalfragebogens müssen Sie auf Verschiedenes achten. Wenn möglich, sollten Sie das Formular, wenn nicht anders gefordert, maschinell ausfüllen. Das gilt vor allem dann, wenn Sie keine schöne Handschrift haben. Die Handschrift wird zwar nicht bewertet, sie hinterlässt beim Leser aber unbewusst einen Eindruck. Schreiben Sie auch nicht über die vorgesehenen Felder hinaus. Wenn Sie mit dem Platz nicht auskommen, formulieren Sie anders oder lassen Sie Unwichtiges weg.

⏭ Achten Sie auf Lücken!

Weiters sollten Sie immer dann auf Lückenlosigkeit achten, wenn es um Ausbildungsdaten oder Arbeitserfahrung geht. Unter einer Lücke versteht man einen längeren Zeitraum, der nicht mit einer Ausbildung oder einer beruflichen Tätigkeit belegt ist. 1990-1995 HTL Wien X, 1996-2002 Studium WU Wien. In diesem Beispiel ist der Zeitraum 1995-1996 eine Lücke. Der Begutachter Ihres Personalfragebogens wird sich fragen: „Was hat der Kandidat in dieser Zeit gemacht?" Vermeiden Sie solche Lücken. Auch wenn Sie einmal nichts gearbeitet haben oder ein Jahr lang die Ausbildung unterbrochen haben, werden Sie in dieser Zeit nicht untätig gewesen sein. Geben Sie an, was Sie gemacht haben. Vielleicht war es ja eine Weltreise, ein Auslandsaufenthalt oder Ähnliches. Sollten Sie jedoch ein Jahr lang gefaulenzt haben, dann füllen Sie die Lücke inhaltlich ein wenig anderwärtig aus.

Zum Schluss sollten Sie, so der Personalfragebogen nicht die einzige schriftliche Bewerbungsunterlage darstellt, noch kontrollieren, ob die Daten auf dem Personalfragebogen mit denen in Ihrem Lebenslauf übereinstimmen. Hier werden oft Schlampigkeitsfehler gemacht. Personalfragebogen und Lebenslauf müssen inhaltlich deckungsgleich sein.

3.1.2 Bewerbungsschreiben

In der Literatur findet sich für das Bewerbungsschreiben auch häufig die Bezeichnung „Anschreiben". Das Bewerbungsschreiben dient dem Bewerber dazu, sein Interesse für den betreffenden Studiengang darzulegen. Es stellt für die Auswählenden eine wertvolle Informationsquelle dar. Der Bewerber kann sein Interesse an dem Studiengang zu studieren, kurz und prägnant hervorheben.

Das Bewerbungsschreiben gilt als der individuellste Teil der Bewerbung. Hier zeigt der Bewerber in subtiler Weise Wichtiges über seine Selbsteinschätzung, die Bewerbungsgründe, seinen Wortschatz und die für die Bewerbung aufgewendete Zeit und Mühe. Das Bewerbungsschreiben sollte die wichtigsten Informationen zur Person in kurzer, prägnanter Form enthalten.

Demnach sollten Sie im Bewerbungsschreiben erwähnen wer Sie sind, was Sie gerade beruflich oder ausbildungsbezogen machen und warum Sie an diesem Studiengang studieren möchten.

Dem Bewerbungsschreiben kommt hinsichtlich seiner Aussagekraft insofern ein besonderer Stellenwert zu, als es nicht wie die übrigen Bewerbungsunterlagen mehr oder weniger schematisiert ist, sondern der Individualität des Bewerbers einen gewissen Freiraum lässt.

Das Bewerbungsschreiben wird bei der Auswertung in erster Linie auf systematische, stilistische und Motivationsaspekte des Bewerbers hin analysiert. Beim Aufbau des Bewerbungsschreibens wird einerseits untersucht, ob eine Systematik erkennbar ist, und andererseits werden Rückschlüsse auf Sorgfalt und schriftliches Darstellungsvermögen des Bewerbers gezogen. Hinsichtlich des Stils wird nach Anhaltspunkten für das schriftliche Ausdrucksvermögen gesucht, das dann in Kategorien, wie beispielsweise: flüssig, unbeholfen, nüchtern, sachlich oder überspitzt, eingeteilt werden kann.

Kurz und prägnant formulieren!

Formulieren Sie das Bewerbungsschreiben kurz und prägnant. Streichen Sie wichtige Punkte gedanklich hervor, und vermeiden Sie verschachtelte Satzkonstruktionen. Wählen Sie einen höflichen aber keinen untertänigen Stil und verwenden Sie starke Wörter.

Bei der Analyse der Motivation des Bewerbers wird untersucht, worin die Motivation für die Bewerbung liegt. So den Bewerbungsunterlagen nicht ein eigenes Motivationsschreiben beizulegen ist, sollten Sie das Bewerbungsschreiben unbedingt nutzen, um Ihre Motive an dem Studiengang zu studieren, anzugeben.

Es wird auch die vom Bewerber aufgewendete Zeit und Mühe, die Länge des Bewerbungsschreibens, seine Originalität und die Beherrschung der Sprache bei der Beurteilung untersucht.

Keine dreizeiligen Bewerbungsschreiben!

Die Beurteilung der Länge des Bewerbungsschreibens hängt von der Klarheit der Aussagen, der Individualität und vom Informationsgehalt ab. Ein Anschreiben kann durchaus länger gestaltet sein, sofern der Bewerber nicht von einer klaren Argumentationslinie abweicht, individuell schreibt und relevante Informationen anführt. Dreizeilige Bewerbungsschreiben sind in der Regel von den Personalbeauftragten unerwünscht, weil sie zeigen, dass der Bewerber bewusst den Dialog negiert.

3.1.3 Lebenslauf

Der Lebenslauf enthält Angaben über Vorname und Nachname, Wohnort und Straße, Geburtsdatum und Geburtsort, Familienstand, schulische und berufliche Ausbildung, Prüfungen, berufliche Tätigkeiten sowie Fähigkeiten und Weiterbildungsmaßnahmen. Er kann aufgrund seiner Gestaltung und der verwendeten Darstellungsweise Aufschluss über die Persönlichkeit des Bewerbers geben. Auch die familiäre Situation des Bewerbers, besondere Leistungen, Beförderungen, Auszeichnungen und Aufenthalte im Ausland sowie unter Umständen Hobbys können Inhalte des Lebenslaufs sein.

Der Lebenslauf spiegelt zwar den zeitlichen Verlauf der schulischen und beruflichen Entwicklung wider, die Aussagekraft ist aber wegen der fehlenden materiellen Informationen begrenzt. Er dient eher als „Hygienefaktor". Das heißt, dass eine negative Form zur Ablehnung der Bewerbung führt, eine positive allein aber nicht ausreicht, um im weiteren Auswahlverfahren erfolgreich bestehen zu können.

Es können beim Lebenslauf die nachfolgend angeführten Untersuchungen durchgeführt werden.

Die Zeitfolgenanalyse prüft, ob der Lebenslauf vollständig ist und wie oft die Stelle gewechselt wurde. Dabei werden Häufigkeit und Tendenz der Wechsel untersucht und das Alter des Bewerbers, der Beruf und die Branche berücksichtigt, denn bei einzelnen Berufen und bei Nachwuchskräften ist ein häufiger Stellenwechsel notwendig beziehungsweise vertretbar. Auch bei jungen Bewerbern lässt ein häufiger Wechsel unter Umständen auf Flexibilität, Aufstiegsstreben und Energie schließen. Normalerweise gelten mehrmalige Wechsel innerhalb eines verhältnismäßig kurzen Zeitraumes als Indikatoren für mangelnde Integrationsbereitschaft oder geringes Durchhaltevermögen.

Bei der Entwicklungs- und Positionsanalyse wird geprüft, ob der bisherige Berufsweg einen sinnvollen Ablauf vorweist und mit den Arbeitsplatzwechseln ein positioneller Auf- oder Abstieg verbunden war. Abstiege müssen jedoch nicht zwangsläufig negativ bewertet werden, vor allem, wenn sie auf einen Neuanfang hindeuten oder im Zusammenhang mit konjunkturellen Gründen erfolgt sind.

Bei der Firmen- und Branchenanalyse werden Informationen über die Firma und die Branchen, in denen der Bewerber tätig war, gesammelt. Es wird untersucht, ob der Bewerber in einem Groß- oder Kleinbetrieb gearbeitet hat, weil sich dadurch Rückschlüsse, zum Beispiel auf die Erfahrung oder den bisherigen Kompetenzbereich, ergeben. Untersucht wird auch, ob der Bewerber verwertbares Wissen aus einer vor-, oder nachgelagerten Branche mitbringt.

Sämtliche berufsspezifischen Prüfungen können natürlich nur bei Bewerbern mit entsprechender Praxis angestellt werden. Sie sind bei Maturanten in der Regel hinfällig.

Der Lebenslauf gibt Ihnen die Möglichkeit, sich persönlich vorzustellen. Hier können Sie anführen, was Sie als wesentlich erachten und hier müssen Sie anführen, was man sich von Ihnen erwarten kann. Obligatorische Bestandteile des Lebenslaufs sind akademischer Grad, Name, Geburtsdatum, Staatsbürgerschaft, Adresse, Telefonnummer, Schulbildung, Berufserfahrung und Fremdsprachenkenntnisse. Anführen können Sie auch sonstige Fähigkeiten, Hobbys & Interessen, Auszeichnungen, Wettbewerbe, besondere Verdienste und Positionen und so weiter.

⏭ Chronologisch oder antichronologisch?

Achten Sie immer darauf, ob der Lebenslauf chronologisch oder antichronologisch aufgebaut sein soll. Wenn keine Vorgabe vorliegt empfiehlt sich der antichronologische Aufbau. Das heißt, dass die aktuellen Daten in den Tabellen ganz oben stehen und die weniger aktuellen ganz unten. (Beim chronologischen Aufbau ist es genau umgekehrt.) Aktuelles ist wichtiger als weit Zurückliegendes. Ihr Gymnasiumbesuch von 1992-2000 ist für den Begutachter wichtiger als der Besuch der Volksschule von 1988-1992. Folglich steht der Gymnasiumbesuch in der Ausbildungstabelle an Position Nummer 1.

Genauso wie beim Personalfragebogen gilt auch beim Lebenslauf die Notwendigkeit der Lückenlosigkeit im Bezug auf Ausbildung und Berufserfahrung. Jeder Zeitraum in Ihrem Leben (ab Schulbeginn) sollte inhaltlich belegt sein.

Da ein Lebenslauf nicht allzu lang sein sollte (ideal sind 2 A4 Seiten), können Sie oft nicht alle Daten zu Ihrer Person anführen. Dies gilt insbesondere für die nicht obligatorischen Bestandteile des Lebenslaufs. Sie selbst müssen entscheiden, was im Lebenslauf erwähnt werden soll und was nicht. Dabei sollten Sie den Grundsatz der Aktualität und den der Wichtigkeit beachten.

Grundsatz der Aktualität und der Wichtigkeit!

Der Grundsatz der Aktualität besagt, dass ein aktuelles Ereignis für den Lebenslauf wichtiger ist als ein lange Zeit zurückliegendes qualitativ gleiches Ereignis. Der Grundsatz der Wichtigkeit besagt, dass ein aktuelles Ereignis nicht wichtiger sein muss als ein weiter zurückliegendes, wenn es für die Bewerbung qualitativ weniger essentiell ist. Der Grundsatz der Wichtigkeit steht also über dem Grundsatz der Aktualität.

Angenommen Sie bewerben sich an einem Studiengang mit dem Schwerpunkt Kommunikationstechnik und Sie haben im Jahr 2002 ein Rhetorikseminar, im Jahr 2001 ein Kochseminar und in den Jahren 2000 und 1999 je ein Präsentationstechnikseminar besucht und haben im Lebenslauf nur Platz für zwei Seminare. Nun ordnen Sie zuerst nach dem Grundsatz der Wichtigkeit und eliminieren das Kochseminar. Nach dem Grundsatz der Aktualität streichen Sie nun das Präsentationstechnikseminar 1999 und führen im Lebenslauf an: 2002 Rhetorikseminar, 2000 Präsentationstechnikseminar.

Wenn Sie ein Foto am Lebenslauf anbringen wollen, dann machen Sie das bitte in der rechten oberen Ecke. Beachten Sie bitte dazu alle Hinweise des Kapitels 3.1.4 Lichtbilder.

Das Layout des Lebenslaufs sollte klar, schlicht und strukturiert gestaltet sein, damit sich der Leser schnell darin zurechtfindet. Verwenden Sie maximal eine Farbe und auch nur eine Schriftart. Versuchen Sie ein für sich passendes Layout zu entwerfen. Die Beispiele im Anhang sollen Anregung zu Layout und Struktur sein, sie dienen nicht als Kopiervorlage.

3.1.4 Lichtbilder

Der Bewerber hat durch ein beigelegtes Lichtbild die Möglichkeit zu zeigen, wie er sich sieht, beziehungsweise wie er sich präsentieren will.

Auch wenn das Lichtbild wenig Aussagekraft hat, hinterlässt es beim Entscheidungsträger unbewusst Sympathie oder Antipathie. Der Beurteiler kann sich nur schwer von den subjektiven Beeinflussungen freimachen, die das

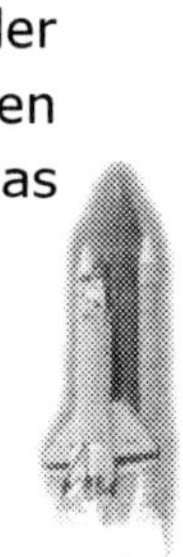

Bewerbungsfoto auf ihn ausübt. Diejenigen Bewerber, die mit dem Foto Sympathie transferieren können, haben einfach die besseren Chancen. Der Bewerber sollte daher den Einfluss der Bilder nicht unterschätzen.

„Das Bewerbungsfoto ist sicherlich ein schwieriges Kriterium. Es beeinflusst oft viel zu stark unsere Einschätzung des Bewerbers. Oftmals entscheidet es über Sympathie und Antipathie. Ob ein Bewerber dick oder dünn, mehr oder weniger gut aussehend ist, sollte unsere Entscheidung nicht beeinflussen. Trotzdem kann man sich nur schwer von diesen subjektiven Beeinflussungen freimachen", bringt *Jung* (1998, S. 65) die Problematik des Lichtbildes auf den Punkt.

Die Auswertung des Lichtbildes liefert nur vage Anhaltspunkte. Die Gefahr der Klischeebildung ist groß, denn man ist leicht geneigt, von physiognomischen Eigenarten auf Persönlichkeitsmerkmale zu schließen. Dennoch sind zumindest Hinweise auf den Lebensstil möglich. Dem Foto kann unter Umständen entnommen werden, welches Maß an Geschmack Haar- und Barttracht induzieren und welche Auffälligkeiten die Kleidung in Bezug auf das übliche Outfit in der Branche aufweist. Auch durch die Art (Format, Farbe), die Herstellung (Fotographenfoto, Automatenfoto), das Datum oder besondere Äußerlichkeiten des Bewerbers können Rückschlüsse auf den Bewerber gezogen werden. Diese Rückschlüsse sind aber jedenfalls subjektiver Natur.

Lichtbilder werden häufig als Beilage zu den schriftlichen Bewerbungsunterlagen verlangt. Selten werden sie jedoch bewusst bewertet. Sie werden hauptsächlich zur Identifikation des Bewerbers verwendet. Trotzdem ist der Einfluss der Fotos nicht zu unterschätzen. Stellen Sie sich einen Interviewer vor, der kurz vor dem Interview nochmals Ihren Lebenslauf durchgeht, auf dem Ihr Foto angebracht ist. Wenn Sie auf diesem Foto sympathisch lächeln und eine gute Erscheinung abgeben, dann beeinflusst das den Interviewer unbewusst. Vergessen Sie also nie auf dem Foto zu lächeln.

Das Foto macht der Fotograf!

Verwenden Sie stets aktuelle Fotos, die Sie am besten beim Fotografen anfertigen lassen. Vergessen Sie ausgeschnittene Urlaubsfotos oder Automatenbilder. Sie wirken unprofessionell. Der Fotograf weiß, wie er Sie fotografieren muss, damit sie sympathisch wirken und seine Dienste sind nicht einmal teuer. Für einen Satz gelungener Portraitfotos sind etwa 20-25 Euro zu bezahlen. Ein besonders guter Tipp ist, sich auf dem Foto genau so zu kleiden, zu schminken und zu frisieren, wie man dann beim Vorstellungsgespräch erscheinen wird. Genau so wie Sie auf dem Foto aussehen, treten Sie dann bei der Tür ein.

3.1.5 Motivationsschreiben

Das Motivationsschreiben stellt meistens die größte Hürde der schriftlichen Bewerbungsunterlagen dar. Viele Bewerber verzweifeln an der Aufgabe, die Motivation für Ihr Vorhaben, das Studium zu absolvieren, darzustellen. „Ja, was soll ich denn da schreiben?" ist eine Frage, die sich der Bewerber oft selbst stellt.

Egal an welchem Studiengang Sie sich bewerben, Sie sollten im Motivationsschreiben immer darstellen, wo Sie zur Zeit stehen, was Ihre beruflichen Ziele sind und warum Sie glauben, dass der gewählte Studiengang der beste ist, um diese Ziele zu erreichen. Schließlich können Sie noch erwähnen, welche Realisierungschancen Sie sehen, das Studium zu beenden, wer Sie bei Ihrem Vorhaben unterstützt und so weiter.

⏭ Berufliche Ziele sind die Basis!

Der wichtigste Teil sind jedoch die bereits erwähnten beruflichen Ziele. Viele Bewerber geben als Grund für die Studienwahl „Interesse" an. Interesse ist aber zu wenig, um an einem FH-Studiengang aufgenommen zu werden. Interesse hat man an einem Kinofilm, an einem Buch, an einem Konzertbesuch, aber nicht an einer Ausbildung, die 4 Jahre lang dauert. Hier ist Interesse eindeutig zu wenig. Fachhochschulen sind nicht da, um Interesse zu stillen, sondern um auf die spätere berufliche Tätigkeit vorzubereiten. So betrachtet sind sie eigentlich lediglich Mittel zum Zweck – ein Werkzeug oder ein Strategiekanal zu Ihrer persönlichen Zielerreichung. Wenn Sie diesen Gedankengang plausibel darstellen können, haben Sie die besten Chancen.

Vermeiden Sie im Motivationsschreiben schwammige Formulierungen, verschachtelte Sätze und die Aufzählung von Nebensächlichkeiten. Unterstreichen Sie wesentliche Fakten die klarmachen, warum Sie an dem Studiengang studieren wollen. Formulieren Sie Ihre Antworten so kurz wie möglich und so ausführlich wie nötig. Außerdem sollten Sie stets konkret

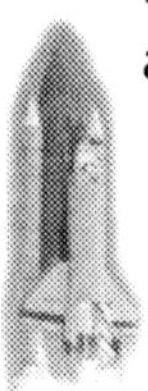

formulieren. Bringen Sie Daten, Fakten und konkrete Beispiele. Vermeiden Sie Formulierungen wie etwa: „Ich möchte einmal in einem international tätigen Unternehmen arbeiten", sondern führen Sie auch Branche und Position an. Dann kann man sich wirklich etwas vorstellen. Wenn Sie die Motivationsschreiben im Anhang lesen, wird Ihnen sehr schnell klar werden, worauf es bei einem Motivationsschreiben ankommt, wie man es strukturiert und wie man es aufbaut. Unterliegen Sie aber nicht der Versuchung das Motivationsschreiben zu kopieren. Versuchen Sie vielmehr den Hintergrund zu erkennen und bauen Sie Ihr eigenes Motivationsschreiben dahingehend neu auf.

Führen Sie im Motivationsschreiben auch Ihre wichtigsten Erlebnisse, Tätigkeiten und Erfahrungen an, die zur FH und zur Studienrichtung passen. Achten Sie im Motivationsschreiben stets auf den roten Faden.

Vermeiden Sie Formulierungen im Sinne der „Weg - von Motivation". Das heißt, dass Sie nicht angeben sollen, dass Sie an der FH studieren wollen, weil Sie die Uni nicht ausstehen können, Sie zur Zeit nicht arbeiten wollen, oder Ähnliches. Wählen Sie besser Formulierungen die eine „Hin - zu Motivation" erkennen lassen, zum Beispiel Ihr schon erwähntes Berufsziel.

Zum Thema Universität: Es empfiehlt sich dringlichst die Universität nicht negativ zu bewerten. Das gilt für das gesamte Aufnahmeverfahren.

Keine Uni-Beschimpfung!

Bedenken Sie, dass ein Großteil der Lektoren, der Bewerbungskommission und des FH-Personals selbst an einer Universität studiert hat. Wenn Sie sagen, dass die Universität schlecht ist, dann sagen Sie implizit, dass auch Ihr Gegenüber eine schlechte Ausbildung hat.

3.1.6 Zeugnisse

Man unterscheidet prinzipiell zwischen Schul- und Arbeitszeugnissen.

Schulzeugnissen sollte als Selektionskriterium keine große Bedeutung zugemessen werden, da die ihnen zugrunde liegenden Noten vielfältigen Einflüssen unterliegen. Sie gewähren daher keine vollkommene Objektivität. Wenn, dann können Noten nur als Ganzes oder als Gruppe aussagekräftig sein.

Trotzdem werden Schulzeugnisse bei Fachhochschul-Aufnahmeverfahren eingefordert. Sie stellen bei Bewerbern um Ausbildungsplätze und bei Bewerbern für eine erste Berufstätigkeit häufig den einzigen Leistungsnachweis dar.

Oft stellen die Schulnoten des Bewerbers ähnlich wie der Lebenslauf lediglich einen Hygienefaktor dar. Das heißt, dass schlechte Noten negativ auffallen, während gute zumindest einen schlechten Eindruck vermeiden. Demnach stellt ein Zeugnis mit lauter Einsern noch keinen Aufnahmegrund dar, ein Zeugnis mit lauter Vierern senkt die Chancen jedoch erheblich.

Arbeitszeugnisse liefern Informationen über die Beschäftigung des Bewerbers aus bereits vergangenen Dienstverhältnissen. Dabei werden das einfache Zeugnis und das qualifizierte Zeugnis unterschieden. Während einfache Zeugnisse nur Angaben zur Person des Arbeitnehmers und über die Art und Dauer der Beschäftigung enthalten, geht das qualifizierte Zeugnis über die Dienstbeschreibung des einfachen Zeugnisses hinaus und enthält zusätzlich eine Beurteilung der Leistung des Arbeitnehmers.

Arbeitszeugnisse zählen zu den wichtigsten Bewerbungsunterlagen, da sie eine wesentliche Informationsquelle über Fähigkeiten, Leistungsvermögen, Arbeitsverhalten und Persönlichkeit des Bewerbers in bisherigen Positionen darstellen.

Bezüglich ihrer Aussagekraft werden Schulzeugnisse und Arbeitszeugnisse differenziert betrachtet.

- **Schulzeugnisse**

Bei den Schulnoten ermöglichen gute Noten Rückschlüsse auf Interessensgebiete. Schlechte Noten können auf mangelnde Eigeninitiative, Desinteresse oder mangelndes Wissen hindeuten. Schulzeugnisse verweisen in erster Linie darauf, wie sehr sich ein Kandidat während seiner Schulzeit an das Schulsystem anpassen konnte, ob eine Lerndisziplin vorhanden war und ob er ein bestimmtes Maß an Lernfähigkeit hatte oder noch immer hat. Der Rückschluss von Noten in einzelnen

Fächern auf andere Verhaltensmerkmale des Bewerbers, wie etwa Konzentrationsfähigkeit, Willenseinsatz und Gefühlsfähigkeit, ist nicht zulässig.

Zu den Schulzeugnissen ist sonst nicht allzu viel zu sagen. Sie müssen sie einfach den schriftlichen Bewerbungsunterlagen beilegen, wenn dies gefordert ist. Bedenken Sie jedoch stets, dass Schulzeugnisse nur ein Teil vom Ganzen sind, der den Ausgang des Aufnahmeverfahrens beeinflusst. Das heißt, dass Sie auch durchaus Chancen haben, wenn Sie keinen Vorzug haben, aber auch dass Sie nicht mit Sicherheit aufgenommen werden, weil Sie einen Vorzug haben.

- **Arbeitszeugnisse**

Jeder Arbeitgeber trifft mit ausgestellten Arbeitszeugnissen Aussagen über das Arbeitsverhalten des Mitarbeiters. Da ein Arbeitszeugnis keine negativen Aussagen über den zu Beurteilenden enthalten darf, werden oft Codierungen verwendet, um dennoch Kritik anbringen zu können. So deutet etwa die Aussage „...hat die ihm übertragenen Arbeiten zu unserer Zufriedenheit erledigt" lediglich auf ausreichende Leistungen hin, während „hat die ihm übertragenen Arbeiten ständig zu unserer vollsten Zufriedenheit erledigt" sehr gute Leistungen umschreibt.

Arbeitszeugnisse, insbesondere qualifizierte Arbeitszeugnisse, werden vor allem auf auffällige Formulierungen untersucht. Liegen idealerweise mehrere Arbeitszeugnisse von ein- und demselben Bewerber vor, so können auch diese untereinander verglichen werden. Neben den verwendeten Formulierungen werden Arbeitszeugnisse in der Regel auch auf ihre Form hin überprüft. Dabei wird einem individuell verfassten Arbeitszeugnis ein höherer Stellenwert beigemessen als einem standardisierten Arbeitszeugnis.

Alle Arbeiten stets zur vollsten Zufriedenheit...

Versuchen Sie von Ihrem letzten Beschäftigungsverhältnis ein Arbeitszeugnis zu bekommen, in dem dargestellt ist, welchen Tätigkeiten Sie nachgegangen sind und dass Sie diese Tätigkeiten STETS zur VOLLSTEN ZUFRIEDENHEIT des Unternehmens erledigt haben. Nur dieses Arbeitszeugnis gilt als „Sehr Gut". Oft liegt vor allem in kleineren Firmen (in denen Sie zum Beispiel ein Praktikum absolviert haben) kein ausreichendes Wissen um die Formulierung von Arbeitszeugnissen vor. Hier fehlt dann der oben angeführte Aufbau. Das heißt dann automatisch, dass Ihr Arbeitszeugnis höchstens als mittelmäßig eingestuft wird.

Was die Anzahl der Arbeitszeugnisse betrifft, so sollten Sie nicht übertreiben. Die letzten beiden reichen durchaus. Wenn Sie schon jahrelang berufstätig sind, dann können Sie sich die Beilage des Arbeitszeugnisses eines Praktikums sparen. Als Schüler ist dieses für Sie jedoch vielleicht der einzige Arbeitsnachweis. Welche Zeugnisse Sie beilegen, müssen Sie demnach selbst bestimmen. Auf jeden Fall muss das der letzten Beschäftigung dabei sein.

3.1.7 Referenzen

Referenzen sind Befürwortungsschreiben von Macht- oder Fachpromotoren, die den Bewerber in ein positives Licht bei der Bewerbung rücken und werden im Zuge von Fachhochschul-Aufnahmeverfahren nur sehr selten eingefordert. Trotzdem soll hier ein kurzer Überblick gegeben werden, was Referenzen sind und welche Aussagekraft sie haben.

Man unterscheidet sachliche Referenzen und Imponierreferenzen. Während sich sachliche Referenzen auch auf die Arbeitsbedingungen, Erfolge und Fähigkeiten des Bewerbers beziehen und meist ausführlicher und umfangreicher als Zeugnisse sind, haben die teilweise von hohen Persönlichkeiten aus Gesellschaft und Wirtschaft ausgestellten Imponierreferenzen lediglich den Zweck, einen guten Eindruck zu erwecken. Die Auskunftspersonen werden für die Erstellung von Referenzen vom Bewerber selbst ausgewählt und sind daher nicht unbedingt unparteiisch. Wird von der Auskunftsperson wenig über berufliche Qualifikationen gesagt, so wird dies normalerweise negativ beurteilt. Die Aussagekraft von Referenzen ist allerdings generell umstritten.

3.2 Auswertung und Aussagekraft der Gesamtheit der schriftlichen Bewerbungsunterlagen

Bereits auf den ersten Blick teilt die Bewerbung etwas über den Bewerber mit. Es wird vom Bewerber erwartet, dass er die formalen Anforderungen an eine Bewerbung kennt. Formale Anforderungen sind: Sauberkeit, gute Lesbarkeit, gute Qualität beigelegter Kopien, Fehlerfreiheit sowie Vollständigkeit und

Übersichtlichkeit. Zu den formalen Anforderungen gehört, dass die Bewerbungsunterlagen frei von Verbesserungen sind und dass sie nicht aus losen Blättern bestehen.

Es ist allgemein üblich, die vollständigen Bewerbungsunterlagen nicht nur in gehefteter Form, sondern auch in einer Bewerbungsmappe abzulegen. Das Bewerbungsschreiben liegt in der Regel lose oben in der Mappe. Darauf folgen der tabellarische Lebenslauf, das aktuellste Arbeitszeugnis, weitere Arbeitszeugnisse, Belege über Abschlüsse, Ausbildungszeugnisse, Schulzeugnisse, Belege über Auslandsaufenthalte sowie Praktika und Referenzen.

Eine Beurteilung der Vollständigkeit und Einhaltung der Formvorschriften bezüglich der Reihenfolge der Schriftstücke und Dokumente scheint nicht sinnvoll, da es keine Norm, sondern nur teils divergierende Empfehlungen und Angaben für die Erstellung von schriftlichen Bewerbungsunterlagen gibt. Insgesamt sagt eine Bewerbung aus, ob dem Bewerber seine Bewerbung ernst und wichtig ist, er die Einhaltung gewisser formaler Kriterien achtet, sein Arbeitsstil durch eine gewisse Ordnungsliebe gekennzeichnet ist, er um eine positive Selbstdarstellung bemüht ist und dem Leser seiner Bewerbung Wertschätzung entgegenbringt.

Geben Sie sich also wie eingangs erwähnt für die Erstellung der schriftlichen Bewerbungsunterlagen große Mühe. Binden Sie die Unterlagen, wenn das erlaubt ist. Im Zweifelsfalle sollten Sie diesbezüglich mit der Fachhochschule Rücksprache halten. Nicht bei jedem Studiengang ist ein Binden der

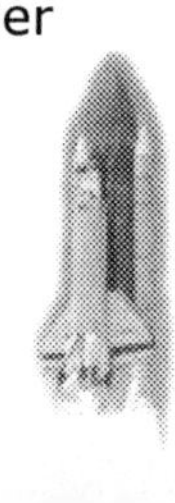

Bewerbungsunterlagen erwünscht. Bei vielen wird es jedoch erwartet.

Überzeugen Sie bei Ihren Bewerbungsunterlagen durch ein klares und einfaches Layout. Das Layout unterstreicht ihre persönliche Note, dient aber in erster Linie der Übersichtlichkeit und der leichten Auffindbarkeit von Inhalten. Verwenden Sie qualitativ hochwertiges Papier, das Sie beispielsweise im Copy-Shop erhalten. Farbige Papiere sind höchstens für Vorder- und Deckblatt zu verwenden. Vermeiden Sie Farbenspiele und Schriftartversuche. Verwenden Sie maximal eine Schriftart und eine Farbe. Innerhalb einer Schriftart haben Sie ohnehin die Möglichkeit durch Fettstellung, Unterstreichung und Kursivsetzen Hervorhebungen zu machen.

3.3 Knockout Formulierungen in den schriftlichen Unterlagen

Folgende oder ähnliche Formulierungen sollten Sie möglichst vermeiden, da Sie entweder reines „Blabla" sind oder der Inhalt der Aussagen vollkommen am Idealbild des Musterstudenten vorbeigeht.

⏭ „Außerdem ist es wie in der Schule, man hat einen vorgegebenen Stundenplan und muss auch erscheinen, was ich viel bequemer finde, als irgendwann zur Uni zu kommen, um hin und wieder einer Vorlesung beizuwohnen."

⏭ „Auf der Fachhochschule wird außerdem der Ehrgeiz geweckt, sich wirklich zu bemühen."

⏭ „Bedingt durch mein Alter und meine konkreten Zukunftspläne, sowie meinen Familienstand..."

⏭ „Da ich Interesse für diesen Studiengang zeige und bis jetzt Erfahrung im Umgang mit Menschen gesammelt habe, denke ich, dass ich für diese Fachhochschule gut geeignet bin. Für mich bedeutet diese Ausbildung, später in einem Beruf arbeiten zu können, der mich interessiert."

⏭ „Ein Studium allgemein bedeutet für mich einerseits Unabhängigkeit und andererseits Verantwortung."

⏭ „Ich möchte mich sehr gerne für den Studiengang xy bewerben. Ich möchte in dieser Schule..."

⏭ „Unter der Motivation einiger Lehrer meiner Schule war ich gerne bereit, auch außerhalb des Unterrichts etwas mehr zu machen, als verlangt wurde."

⏭ „Als Absolvent der Mittelschule in Wien xy möchte ich mich bei Ihnen als Student bewerben."

⏭ „Das Wissen, das man in der Fachhochschule erlangen kann, hilft einem auch daheim bei steuerlichen Privatangelegenheiten, beim Kauf von Aktien... Es ist für den ganzen Haushalt und auch für das Privatleben wichtig."

⏭ „Meiner Meinung nach bin ich sehr gut für Präsentationen geeignet."

⏭ „Der Grund für meine Bewerbung ist, dass ich mich sehr für technische Anlagen interessiere."

⏭ „Mit dem höflichen Ersuchen, mir die Möglichkeit geben zu wollen, an Ihrer Fachhochschule studieren zu dürfen, verbleibe ich,..."

⏭ „Auf der FH will ich studieren, weil ich aufgrund diverser Informationen..."

⏭ „Ich bin auf der Suche nach einem akademisch anerkannten Ausbildungsplatz."

⏭ „Mein gesundheitlicher Zustand und meine körperliche Verfassung sind gut. Daher bin ich belastbar."

⏭ „Durch Erzählungen von Studenten, wurde mein großes Interesse für Ihren Studiengang geweckt."

⏭ „Ich bin immer bemüht, die mir aufgetragenen Aufgaben gewissenhaft und ordentlich zu erledigen und würde mich freuen, wenn Sie mir Gelegenheit dazu geben würden,..."

⏭ „...war ich endgültig entschlossen, ein Studium, welches in diese Richtung geht, anzustreben, da mich solche Dinge unheimlich interessieren."

⏭ „Um ehrlich zu sein bin ich im allgemeinen nicht die Fleißigkeit in Person."

⏭ „Ich glaube, meine Arbeit in der Firma wurde nicht richtig eingeschätzt."

⏭ „Ich bin bereit, viel für mein Studium zu leisten, aber als Gegenleistung brauche ich Unterstützung seitens der Lektoren, die ich leider auf der Universität zu selten bekommen habe."

⏭ „... möchte ich mich bewerben."

⏭ „... zum einen möchte ich nicht nur Hausfrau und Mutter sein,..."

⏭ „Auch wenn die Pionierzeiten der berufstätigen Frauen längst vorbei sind, die der erfolgreichen Frauen fangen bestimmt erst an."

⏭ „Mich hat ihre Fachhochschule sofort interessiert, als ich vor ungefähr zwei Wochen davon erfahren habe."

⏭ „Ich habe mir auch schon überlegt Englisch zu studieren, aber Marketing interessiert mich einfach mehr."

4 Biographische Fragebögen

Hin und wieder ist bei Fachhochschul-Aufnahmeverfahren vom Bewerber ein biographischer Fragebogen auszufüllen. In der Folge soll erklärt werden, was ein biographischer Fragebogen ist und wie er ausgewertet wird. Der biographische Fragebogen wurde ursprünglich für die Personalauswahl in Unternehmen entwickelt. Daher beziehen sich die folgenden Erklärungen auch auf diesen Schwerpunkt.

Im biographischen Fragebogen gibt der Bewerber Auskunft zu seinen biographischen Daten. Es soll festgestellt werden, inwieweit er ähnlich wie erfolgreiche Mitarbeiter(Studenten) aus seiner Zielgruppe antwortet. Der biographische Fragebogen fordert über die Angabe von objektiven Lebens- und Berufsfakten hinaus auch die der subjektiven Werthaltungen und Einstellungen des Bewerbers zu allgemeinen Fragen des menschlichen Lebens und zu seinen besonderen Lebens- und Berufsvorstellungen. Es handelt sich bei den Fragen zu diesen Bereichen stets um standardisierte Fragen.

Biographische Fragebögen werden von einem Konstrukteur entwickelt. Dieser erstellt eine Liste mit biographischen Daten, die er erheben möchte. Konkret wird nach demographischen Variablen, familiärem Umfeld, Schule, Berufswahlverhalten, Berufswahlmotiven, Berufserfahrungen, Handlungspräferenzen, Freizeitverhalten und Interessen, sozialen Aktivitäten, Einstellungen sowie dem Selbstbild gefragt. Im Abgleich mit zusätzlichen Fremdeinschätzern, wie beispielsweise Führungskräften, werden dann jene Merkmale herausgearbeitet, die zwischen erfolgreichen und weniger erfolgreichen Mitarbeitern (Studenten) unterscheiden können.

Der Fragebogen wird dann Mitarbeitern (Studenten) vorgelegt, welche die zu besetzende Stelle (Studienplatz) bereits innehaben. In einem anschließenden Extremgruppenvergleich werden die erhobenen Antwortprofile dahingehend untersucht, ob sich Unterschiede zwischen erfolgreichen und nicht erfolgreichen Stelleninhabern (Studenten) zeigen. Jene Antwortprofile, denen es gelingt, scharf zwischen den beiden Gruppen zu unterscheiden, werden dann in den biographischen Fragebogen aufgenommen.

Der entwickelte biographische Fragebogen wird vom Bewerber ausgefüllt und anschließend ausgewertet. Bei der Auswertung interessieren den Beurteiler vor allem jene Fragen, bei denen sich die Antworten der erfolgreichen und nicht erfolgreichen Mitarbeiter (Studenten) stark unterscheiden. Er schließt daraus auf die Wahrscheinlichkeit, dass die einzelnen Bewerber ebenfalls erfolgreich oder nicht erfolgreich sein werden.

⏭ **Antworten Sie wahrheitsgemäß!**

Für Sie als Bewerber stellt sich die Frage, wie Sie am besten auf die Fragen antworten sollen, die im biographischen Fragebogen abgefragt werden. Da Sie den Aufbau und die Aussagekraft nicht kennen, ist es am besten Sie antworten wahrheitsgemäß.

5 Arbeitsproben

Vor allem bei Studiengängen mit künstlerischem oder kreativem Schwerpunkt finden Arbeitsproben im Aufnahmeverfahren Einzug. Meist sind hier Zeichnungen, Plastiken, Videos, und so weiter einzureichen, die Aufschluss über die Fähigkeiten des Bewerbers geben sollen.

Arbeitsproben sind an den Bewerber gestellte Aufgaben, die eine erste Aussage über dessen Verhalten bei der Lösung praktischer Aufgaben aus dem zu besetzenden Arbeitsfeld zulassen. *Rischar* (1990, S. 75) konkretisiert: „Arbeitsproben simulieren konkrete Situationen aus dem Tätigkeitsfeld, für das ein Stelleninhaber gesucht wird. Der Bewerber muss zeigen, wie er diese Aufgabe bewältigt. Sein Vorgehen wird von mehreren geschulten Personen beobachtet und nach definierten Kriterien registriert mit dem Ziel, typisches Verhalten zu erkennen und damit in Übereinstimmung auf Elemente der Persönlichkeitsstruktur zu schließen."

Man unterscheidet zwischen eingereichten und abgeleisteten – also unter Aufsicht gefertigten – Arbeitsproben. Eingereichte Arbeitsproben sind beispielsweise Reportagen oder Entwürfe. Sie werden nicht vor Ort angefertigt. Bei ihnen steht das Ergebnis und nicht der Arbeitsprozess im Vordergrund. Zu den abgeleisteten Arbeitsproben zählen unter anderem Übersetzungen, gewerbliche Arbeiten und vieles mehr. Sie werden an Ort und Stelle angefertigt, und die Bewerber werden bei der Ausführung der Arbeit beobachtet.

Arbeitsproben haben doppelte Aussagekraft. Zum einen liefern sie Aussagen über das Ergebnis der Arbeit, zum anderen über die Art der Lösung der gestellten Aufgabe. Arbeitsproben können bei ordnungsgemäßer Konzeption, Beobachtung und Beurteilung darüber hinaus auch noch ein Bild von der Persönlichkeitsstruktur des Bewerbers zeichnen.

Arbeitsproben verursachen einen großen Vorbereitungs-, Durchführungs- und Auswertungsaufwand und werden daher in der Praxis bei FH-Aufnahmeverfahren selten eingesetzt.

⏭ **Bei Studenten erkundigen!**

Wenn Sie nicht wissen, wie Sie die Arbeitsproben genau erstellen sollen, oder in welche Richtung Sie arbeiten sollen, dann kontaktieren Sie ganz einfach Studenten des betreffenden Studiengangs. Das geht am besten am Tag der offenen Tür. Fragen Sie die Studenten, wie sie ihre Arbeitsproben zusammengestellt haben und lassen Sie sich die Arbeitsproben dieser erfolgreichen Studenten zeigen. Sie werden rasch erkennen, worauf diesbezüglich beim Aufnahmeverfahren Wert gelegt wird.

6 Psychologische Tests

6.1 Wichtiger Hinweis zu psychologischen Tests

In diesem Buch werden keine Beispiele zum Thema Test angeführt, da dies ein äußerst umfangreiches Thema ist. Für das Testtraining wurde das Testcenter auf **<u>www.fachhochschulen.com</u>** entwickelt, wo Sie einfach und gezielt, die für Ihren Wunsch-Studiengang relevanten Fragekategorien trainieren können. Das elektronische Coachingprogramm des Testcenters erstellt aus einer Datenbank mit über 1000 Musterfragen die für Sie wichtigen Tests. Es erkennt Ihre Stärken und Schwächen und gibt Ihnen Tipps und Tricks zu jeder Fragekategorie. Statistiken zu Zeitbudget, Trainingsfortschritt und Erfolgsquote ergänzen dieses Produkt.

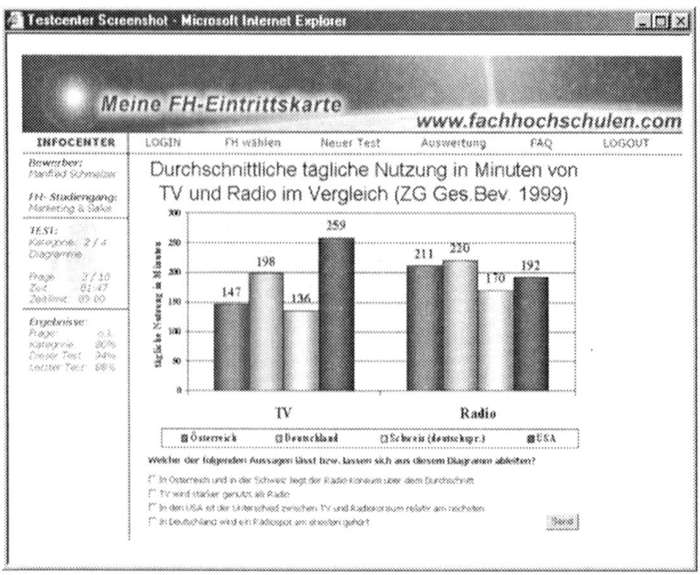

6.2 Definition und Klassifikationsmodelle psychologischer Tests

In der Literatur werden die Begriffe Test und Psychologischer Test in Bezug auf Personalauswahlverfahren synonym verwendet.

Tests sind wissenschaftliche Routineverfahren zur Untersuchung von Persönlichkeitsmerkmalen. *Lienert* (1969, S.7) definiert einen Test als „wissenschaftliches Routineverfahren zur Untersuchung eines oder mehrerer empirisch abgrenzbarer Persönlichkeitsmerkmale mit dem Ziel einer möglichst quantitativen Aussage über den relativen Grad der individuellen Merkmalsausprägungen."

Die am häufigsten vorgefundene Unterteilung von psychologischen Tests ist die Dreiteilung in Leistungstests, Intelligenztests und Persönlichkeitstests.

6.2.1 Leistungstests

Leistungstests verfolgen das Ziel, Informationen über die Leistungsvoraussetzungen des Bewerbers zu gewinnen. Leistungstests untersuchen die Leistungsfähigkeit anhand von verschiedenen Leistungsmerkmalen. Sie werden vor allem dort angewendet, wo besondere Anforderungen an die Psyche und an die geistige und körperliche Geschicklichkeit gerichtet sind. Dabei ergibt sich die Leistung zumeist aus der Kombination von Menge und Fehlerfreiheit der bearbeiteten Aufgaben des Bewerbers.

Leistungstests werden in allgemeine Leistungstests und spezielle Leistungstests unterschieden. Bei allgemeinen Leistungstests werden die Grundvoraussetzungen für geistige Leistung, wie Aufmerksamkeit, Konzentration, Willenseinsatz und Belastungsfähigkeit, gemessen. Die speziellen Leistungstests erfassen eng begrenzte Tätigkeits- und Fertigkeitsbereiche. Hier werden sensorische oder motorische Funktionsprüfungen durchgeführt und Handgeschicklichkeit, Hörfähigkeit, Farbsehtüchtigkeit, Reaktionsfähigkeit und so weiter gemessen. Unter spezielle Leistungstests fallen auch Teile von Arbeitsproben, wie etwa der Bürotest, bei dem sortiert, klassifiziert und abgelegt werden muss, sowie mechanisch-technische Fähigkeitsprüfungen.

6.2.2 Intelligenztests

Intelligenztests untersuchen die Intelligenzstruktur der Bewerber. Intelligenz besteht immer aus einem Bündel zusammengehöriger Fähigkeiten, die einem der folgenden Intelligenzfaktoren zugerechnet werden können: Sprachgewandtheit, Denkvermögen, Kombinationsfähigkeit, Raumvorstellung und Rechengewandtheit.

Intelligenztests ermitteln die intellektuelle Leistungsfähigkeit des Bewerbers in Form des allgemeinen Intelligenzniveaus oder spezifischer Intelligenzfaktoren. Es gibt allgemeine Intelligenztests und spezielle Intelligenztests. Allgemeine Intelligenztests messen das Intelligenzniveau, den Intelligenzquotienten, die Fähigkeit zum logischen Denken und Handeln sowie die Urteilsfähigkeit. Spezielle Intelligenztests ermitteln das sprachliche und das praktisch-rechnerische

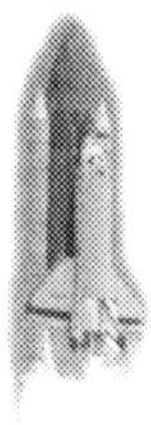

Denken, die Vorstellungsfähigkeit, das Abstraktionsvermögen und die Merkfähigkeit.

6.2.3 Persönlichkeitstests

Persönlichkeitstests wurden ursprünglich für klinische Forschungszwecke entwickelt. Sie erfassen Interessen, Einstellungen, Neigungen, Eigenschaften und soziale Verhaltensweisen der Bewerber. Dazu werden die Bewerber mit Situationen konfrontiert, durch die sie veranlasst werden, ihrer Persönlichkeit entsprechend zu reagieren.

Zu den Persönlichkeitstests zählt man den Persönlichkeitsfragebogen und projektive Tests. Persönlichkeitsfragebögen messen Nervosität, Aggressivität, Erregbarkeit, Geselligkeit, Gelassenheit, Dominanzstreben, Offenheit, Gehemmtheit, Depressivität, Hypochondrie, Hysterie, Flexibilität, Phantasie, Spontaneität, Vertrauen, Misstrauen und andere persönliche Eigenschaften. Projektive Tests erlauben Rückschlüsse auf die tiefliegende Persönlichkeitsstruktur des Bewerbers. Das geschieht durch Projektion der unbewusst ablaufenden Vorgänge in die Umwelt. Durch die Deutungen der Bewerber soll auf die Intelligenzstruktur, die Formen der Konfliktverarbeitbarkeit, die Kontaktbedürfnisse und die Stärke des emotionalen Erlebens und Verhaltens des Bewerbers in Problemsituationen wie etwa bei Stress- oder Frusterlebnissen geschlossen werden können.

7 Interviews

7.1 Aufgaben der Interviews

Beim Aufnahmegespräch wird in erster Linie geklärt, ob Sie zur FH passen und Sie sich realistische Vorstellungen über den Studienablauf machen. Man versucht festzustellen, ob Sie genügend Leistungsbereitschaft mitbringen, um das Studium erfolgreich abzuschließen und ob Sie sich in ein Team eingliedern können. Oft ist das Interview auch die einzige Möglichkeit sich von der Persönlichkeit des Bewerbers ein Bild zu machen – von seinen Stärken und Schwächen, seiner rhetorischen Kompetenz, seinem Auftreten und seiner Überzeugungskraft.

Der erste persönliche Kontakt

Das Vorstellungsgespräch ist „in der Regel das erste persönliche Gespräch, das der Bewerber mit einer für die Einstellungsentscheidung verantwortlichen Person führt. Das Ziel ist es, einen persönlichen Eindruck vom Bewerber zu gewinnen.

Es dient der Feststellung, ob ein Kandidat in eine Fachhochschule passt und sowohl die individuellen fachlichen, sozialen als auch wertbezogenen Fähigkeiten aufweist, die im erstellten Anforderungsprofil des zu besetzenden Studienplatzes gefordert werden.

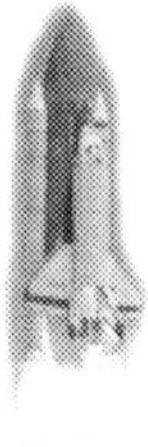

7.2 Klassifikationsmodelle von Interviews

Man unterteilt die Auswahlgespräche in drei Untergruppen – freie, strukturierte und standardisierte Gespräche. Bei den freien Gesprächen sind weder Ablauf noch Inhalte des Gesprächs vorgegeben. Bei den strukturierten Gesprächen werden Fragenkataloge als Interviewleitfaden herangezogen, Inhalt und Ablauf sind aber nicht vorgeschrieben. Bei den standardisierten Gesprächen sind die Fragenkomplexe und deren Reihenfolge vorgegeben.

Bei den Fachhochschul-Bewerbungsverfahren werden vorrangig strukturierte Interviews eingesetzt. Freie Interviews kommen selten vor.

Interviews können auch nach der Anzahl der stattfindenden Gespräche klassifiziert werden. Es besteht grundsätzlich die Möglichkeit, entweder ein einziges oder mehrere Interviews durchzuführen. Kommt nur ein einziges Interview zur Anwendung, so kann man dieses noch je nach Anzahl der Interviewer in Auswahlgespräche mit einem oder mit mehreren Interviewern unterteilen. Werden mehrerer Gespräche hintereinander durchgeführt, so können diese entweder jedes Mal den gleichen Sachverhalt, allerdings mit unterschiedlichen Interviewpartnern, erheben, oder die Interviewschwerpunkte ändern sich von Gespräch zu Gespräch. Die beiden letztgenannten Varianten lassen sich ebenfalls in Auswahlgespräche mit einem oder mit mehreren Interviewern unterteilen.

7.3 Ablauf und Auswertung des Interviews

Sichtung der Bewerbungsunterlagen

In der Regel erfolgt vor der Durchführung des Auswahlgesprächs eine Sichtung der Bewerbungsunterlagen des zu interviewenden Bewerbers. Dabei werden neben verschiedenen Analysen auch mögliche Interessens- und Eignungsschwerpunkte geklärt und offene Punkte, wie etwa Lücken im Lebenslauf oder konkrete Aktivitäten der Bewerber im Beruf, festgehalten, die im Interview geklärt werden sollen.

Beim Interview gibt es vier verschiedene Interviewphasen: Kontakt-, Interview-, Motivations-, und Diskussionsphase. Die Kontaktphase dient der Auflockerung der für den Bewerber belastenden Funktion. Für viele Bewerber stellt ein bevorstehendes Einstellungsgespräch eine stressrelevante Begegnung dar. In der Interviewphase stellt der Interviewer dem Bewerber Fragen und erwartet möglichst aussagekräftige Antworten. In der Motivationsphase verschiebt sich der Redeanteil in Richtung des Interviewers. In der Diskussionsphase kann der Bewerber noch offene Fragen stellen.

In Auswahlgesprächen kommen vorwiegend offene, geschlossene, direkte, indirekte und projektive Fragen vor. Offene Fragen legen den Bewerber in seiner Antwortformulierung nicht fest. Geschlossene Fragen können nur kurz oder mit ja oder nein beantwortet werden. Bei direkten Fragen ist dem Bewerber der Sinn der Frage

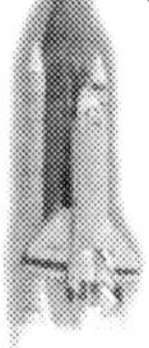

ersichtlich. Bei indirekten Fragen erkennt der Interviewte die Zielrichtung der Fragen nicht. Projektive Fragen sollen Einstellungen, Haltungen und Meinungen des Bewerbers erforschen.

7.4 Die Fragekategorien im Interview

7.4.1 Überblick über die Fragekategorien

Die Frage, die Sie sich als Bewerber sicher stellen werden, ist die nach der Art der Fragen, die Sie beim Aufnahmegespräch erwarten. Eine Diplomarbeit zum Thema „Aufnahmeverfahren an österreichischen Fachhochschul-Studiengängen" brachte diesbezüglich folgende Ergebnisse: Bezüglich der Häufigkeit des Vorkommens der einzelnen Fragekategorien kann folgende Reihenfolge aus den Befragungsdaten konstruiert werden. Am häufigsten werden Fragen zum Lebenslauf gestellt (86%). Darauf folgen Persönlichkeitsfragen (80%), Fragen zur Leistung und zur sozialen Kompetenz mit je 78%, Fragen zum Durchhaltevermögen (70%) und Aufwärmfragen in der Eingangsphase des Interviews (68%). Die geringste Häufigkeit weisen Wissensfragen auf (22%).

7.4.2 Die Fragekategorien im Einzelnen

7.4.2.1 Fragen zum Lebenslauf

Meist liest sich der Interviewer vor dem Interview den Lebenslauf des Interviewten durch. Er sucht sich die für ihn interessanten Punkte heraus, die er dann mit dem Interviewten bespricht. Dies können entdeckte Lücken in der Ausbildung oder im beruflichen Werdegang sein, oder aber auch interessante Auslandsaufenthalte, besondere Erfolge oder Kenntnisse und Ähnliches. Auf jeden Fall sollten Sie Ihren Lebenslauf auswendig kennen. Viele Bewerber vergessen auf diese „Nebensächlichkeit". Es ist einfach unangenehm nicht zu wissen, in welchem Jahr man die Matura abgelegt hat, oder seinen letzen Posten gewechselt hat. „Lernen" Sie daher Ihren Lebenslauf.

7.4.2.2 Fragen zur Persönlichkeit

Sie werden über Ihre Stärken und Schwächen, Ihre Neigungen und Abneigungen, Ihre Interessen und Desinteressen gefragt. Man will von Ihnen wissen, was Sie persönlich auszeichnet, was Sie von den anderen Bewerbern abhebt, welche Fehler sie schon begangen haben und welche Erfolge Ihnen geglückt sind.

7.4.2.3 Fragen zur Leistungsmotivation

Es wird überprüft ob Sie ernsthaft an der FH studieren wollen, oder ob Sie sich einfach so beworben haben. Man will von Ihnen wissen, was Ihren Studienerfolg fördern oder negativ beeinflussen könnte. Man versucht Ihr persönliches Leistungsniveau zu ermitteln und so festzustellen, ob Sie immer nur das Notwendigste leisten oder ob Sie stets Ihr Bestes geben.

7.4.2.4 Fragen zur Sozialkompetenz

Hier werden Sie auf Teamfähigkeit und auf den Umgang mit anderen Menschen hin überprüft. Der Interviewer will wissen, wie Sie Ihre Vorgesetzten und Kollegen behandeln und welche sozialen Positionen Sie einnehmen.

7.4.2.5 Fragen zum Durchhaltevermögen

Man versucht festzustellen, wie schnell Sie die Flinte ins Korn werfen, wenn einmal etwas nicht nach Ihrem Willen geht. Ein Fachhochschulstudium dauert in der Regel vier Jahre und das ist eine lange Zeit. Man möchte keine Bewerber aufnehmen, die dem Lerndruck nicht standhalten und daher das Studium abbrechen, sobald es ein bisschen anstrengender wird.

7.4.2.6 Aufwärmfragen in der Eingangsphase es Interviews

Der Interviewer versucht das Eis zwischen sich und Ihnen zu brechen. Jedes Interview ist eine unangenehme Situation für beide beteiligten Parteien. Fragen nach dem Befinden, dem Wetter und anderer Oberflächlichkeiten stehen hier im Vordergrund.

7.5 Wie Sie auf die Fragen richtig antworten

7.5.1 Was man von Ihnen erwartet

7.5.1.1 Fachkenntnisse

Fachkenntnisse sind natürlich nicht Grundvoraussetzung für die Aufnahme an einen Fachhochschul-Studiengang, da die Fachkenntnisse ja dort erworben werden sollen. Bei berufsbegleitenden Studiengängen sind sie jedoch oft Bedingung für die Studienzulassung. Auf jeden Fall bringen brancheneinschlägige Fachkenntnisse Startvorteile, da diese belegen, dass Sie sich bereits mit der Thematik des Studiengangs auseinandergesetzt haben. Auf jeden Fall sollten Sie sich ein paar Schlüsselbegriffe aus dem Studienbereich, den Sie studieren möchten zurechtlegen. Es müssen nicht mehr als 10 sein, aber zu jedem dieser Punkte sollten Sie etwas Sinnvolles erzählen können. Die Schlüsselbegriffe (in der Branche häufig verwendete Begriffe) können Sie dann aktiv im Interview einbauen und somit Kompetenz zeigen.

7.5.1.2 Berufs- und Praktikakenntnisse

Berufs- und Praktikakenntnisse sind vor allem dann interessant, wenn eine Nähe zur Studienrichtung vorliegt. Aber auch branchenfremde Praktika zeugen vor allem bei Schülern davon, auch in den Ferien Leistung erbracht zu haben.

7.5.1.3 Fremdsprachenkenntnisse

English ist meiste eine Grundvoraussetzung. Jede weitere Fremdsprache ist von Vorteil. In manchen Studiengängen ist es sogar erforderlich mindestens zwei Fremdsprachen zu beherrschen. Wenn Sie außer Englisch keine andere Fremdsprache sprechen, sollten Sie wenigstens Bereitschaft zeigen, neue erlernen zu wollen. Wenn Sie angeben sollen, wie gut Sie eine Fremdsprache beherrschen, dann wählen Sie entsprechend Ihrer Fähigkeiten eine der üblichen Formulierungen: verhandlungsfähig, sehr gute Kenntnisse, gute Kenntnisse, Maturaniveau, Grundkenntnisse.

7.5.1.4 Computerkenntnisse

Computerkenntnisse gelten als unumgängliche Voraussetzung für ein FH-Studium. Zumindest Textverarbeitung (Word), Tabellenkalkulation (Excel) und eine Befehlsoberfläche (Windows) sollten Sie beherrschen. Der Computer ist die

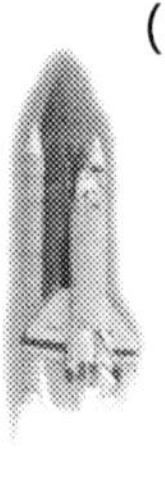

zentrale Arbeits- und Administrationshilfe in Ihrem Studium. Computerkurse werden an jeder Volkshochschule angeboten.

7.5.1.5 Teamfähigkeit

Weil Sie ständig in einem Team von Lektoren und Kollegen arbeiten werden, ist vor allem Ihre Teamfähigkeit gefragt. Wichtig ist, dass Sie gerne mit anderen Menschen an der Lösung oder der Umsetzung einer Aufgabe arbeiten. Sie werden an Ihrer FH sicher einen Großteil der Arbeiten im Team erledigen müssen.

7.5.1.6 Zielorientiertheit

Sie sollten wissen, was Sie im Leben beruflich erreichen wollen. Dazu sollten Sie mittelfristige Ziele und langfristige Ziele definieren. Mittelfristige Ziele umfassen Berufspositionen, die Sie in 4-6 Jahren einnehmen wollen (also unmittelbar nach Absolvierung der Fachhochschule), langfristige Ziele haben einen Zeithorizont von etwa 7-10 Jahren.

7.5.1.7 Selbständiges Arbeiten

Teamarbeit und selbständiges Arbeiten sind keine konkurrierenden Ziele, sondern komplementäre Ziele. Damit ein Team eine optimale Performance liefern kann, müssen die einzelnen Teammitglieder auch bereit sein, selbständig zu arbeiten. Sie sollten nicht vom Team aufgefangen werden, sondern ständig wertvolle Ideen, Arbeiten, etc. in das Team einbringen.

7.5.1.8 Belastungsfähigkeit

Nicht jede Woche ist der Zeitaufwand für das Studium gleich hoch. Es gibt Wochen in denen Sie wenig zu tun haben und dann haben Sie wieder drei Wochen hintereinander keinen freien Tag. In dieser Zeit lastet großer Druck auf Ihnen. Die FH sucht nach Studenten, die diesen Lern- und Arbeitsdruck auch aushalten.

7.5.1.9 Kritikfähigkeit

Kritikfähigkeit ist eine der wichtigsten Eigenschaften die Sie als Bewerber mitbringen sollten, denn nur wenn Sie mit Kritik richtig umzugehen wissen, werden Sie daraus lernen können. Und Lernen ist ja die Hauptaufgabe, die Sie an der FH haben werden.

7.5.1.10 Lernbereitschaft

Es ist anzunehmen, dass Sie gerne lernen, wenn Sie sich an einer Ausbildungsinstitution bewerben. Sie sollten zumindest einen dementsprechenden Eindruck hinterlassen.

7.5.1.11 Analytisches Denken

Sie sollten komplexe Zusammenhänge in logische Teilschritte zerlegen, diese dann getrennt voneinander betrachten und optimieren und sie schließlich wieder zu einem Ganzen zusammensetzen können. In Fallbeispielen, Gruppen- oder Projektarbeiten werden von Ihnen immer wieder analytische Fähigkeiten verlangt werden.

7.5.1.12 Leistungsbereitschaft

Leistungsbereitschaft und Selbstmotivation gehen Hand in Hand. Sie sollten Engagement zeigen und das notwendige Mindestmaß an geforderter Leistung stets übertreffen.

7.5.1.13 Fächerübergreifendes Denken

Sie sollten die Fähigkeit besitzen, Lerninhalte und Erkenntnisse verschiedener Fächer miteinander kombinieren zu können. Nur wenn Sie vernetzt und fächerübergreifend denken können, werden Sie Lernsynergien nutzen können.

7.5.2 Grundregeln für jedes Interview

Ihr Persönlichkeitsprofil sollte im Wesentlichen folgendes aussagen:

- Ich bin selbstbewusst ohne überheblich zu wirken
- Ich bin hilfsbereit ohne untertänig zu sein
- Ich verfüge über Fachkompetenz und Sozialkompetenz
- Ich bringe das nötige Engagement mit

7.5.3 Die häufigsten in Interviews gemachten Fehler

7.5.3.1 Anforderungen der FH wurden nicht erkannt

Sie „schwafeln" belanglose Inhalte, die in keinerlei Bezug zu dem stehen, was Sie auf der FH erwartet. Das kann Ihnen nur passieren, wenn Sie sich nicht im Vorfeld der Bewerbung ausführlichst über Ihren Studiengang informiert haben.

⏭ **Schwafeln Sie nicht!**

Nutzen Sie jede nur erdenkliche Informationsquelle um Daten und Fakten über Ihre Fachhochschule und Ihren Studiengang zu erhalten. Wenn man merkt, dass Sie nicht vorbereitet sind, haben Sie Ihre Karten sehr schnell verspielt.

7.5.3.2 Ziellosigkeit

Man will von Ihnen wissen, was Sie von Ihren Mitbewerbern unterscheidet. Stellen Sie Ihre Ziele ganz klar heraus. Was möchten Sie nach der FH beruflich machen und warum? Wieso ist dieser Bereich für Sie von großem Interesse? Was haben Sie schon getan, um Ihrem Ziel einen Schritt näher zu kommen.

⏭ **Welche Ziele haben Sie?**

Zeigen Sie immer Zielorientierung und vermeiden Sie Orientierungslosigkeit. Stellen Sie klar in den Vordergrund, dass die FH das beste Mittel zum Zweck ist, um Ihre beruflichen Ziele zu erreichen.

7.5.3.3 Selbstanklage

Dass Ihre Schulzeugnisse schlecht sind, hat Ihr Interviewer ohnehin schon den Bewerbungsunterlagen entnehmen können. Dass Sie 3 Monate lang arbeitslos waren, hat er ebenfalls gesehen. Wenn er nicht danach fragt dann folgen Sie am besten der Devise „Schweigen ist Gold“ und behalten die unangenehmen Details für sich.

7.5.3.4 Leerfloskeln und Schlagwortketten

Vermeiden Sie jegliche Art von Schwafelei. Versuchen Sie alles kurz auf den Punkt zu bringen und untermauern Sie alles was Sie behaupten mit Beweisen und Beispielen. Die goldene Grundregel im Interview lautet: „Bringen Sie alles so kurz wie möglich, so ausführlich wie nötig und so konkret wie nur irgendwie möglich - und zwar mit Beispielen“.

7.5.3.5 Profillosigkeit

Wenn nicht einmal Sie selbst wissen, wer Sie sind und was Sie auszeichnet, wie soll es dann der Interviewer von Ihnen erfahren? Überlegen Sie sich immer Ihre Stärken und Schwächen, Ihre Neigungen und Interessen. Bereiten Sie dazu Beispiele vor, dann wird man Ihnen keine Profillosigkeit vorwerfen können.

7.5.3.6 Nicht- und Negativformulierungen

Es interessiert, was Sie machen und nicht, was Sie nicht machen. Nicht: „Es macht mir nicht Spaß, alleine zu arbeiten.“ Sondern: Ich arbeite gerne im Team.“ Nicht: „Es gibt nur wenige Menschen, die das nicht können.“ Sondern: "Fast jeder

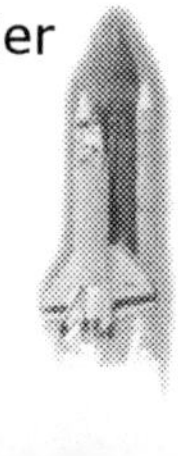

kann es.“ Nicht- und Negativformulierungen sind vom Gesprächspartner schwerer zu entschlüsseln als Positivformulierungen.

7.5.3.7 Anschwärzen

Schwärzen Sie niemals andere Menschen an, egal ob es der widerlichste Lehrer, der unerträglichste Arbeitskollege oder der dümmste Mitmensch war.

> ⏭ **Keine Anschwärzerei!**

Formulieren Sie Ihre Kritik immer neutral oder sprechen Sie noch besser stets nur positiv von anderen Menschen.

7.5.3.8 Übertriebene positive Selbstformulierung

Selbstbewusstsein ist gut und schön, aber Selbstvergötterung muss nicht sein. „Wer sich selbst erhöht, der soll erniedrigt werden.“ Diesem Motto folgen auch viele Interviewer. Vor allem Berufstätige neigen oft dazu, zu stark von ihren erfolgreichen Projekten zu schwärmen.

7.5.3.9 Mangelndes Selbstbewusstsein

Mangelndes Selbstbewusstsein ist ein Hauptausscheidungsgrund beim Interview. Sitzen Sie aufrecht, halten Sie Blickkontakt, antworten Sie laut, klar und deutlich und schärfen Sie Ihren Verstand während des Interviews. Der Interviewer beißt nicht.

Hier komme ich!

Zeigen Sie ruhig Selbstbewusstsein. Der Interviewer sucht nach solchen Bewerbern.

7.5.3.10 Lügen

Lügen haben kurze Beine. Obwohl einige Bewerbungsratgeber empfehlen, die eine oder andere Lüge gezielt einzusetzen, ist dies ein zweischneidiges Schwert. Wenn Sie nicht leistungsbereit sind und nur vorgeben es zu sein, dann wird man Sie vielleicht in den Studiengang aufnehmen, aber nach kürzester Zeit sind Sie wieder draußen. Klarheit, Prägnanz und Aufrichtigkeit sollen Basis für Ihr Bewerbungsgespräch sein. Lügen Sie nicht.

7.5.3.11 Aggressivität

Vor allem Druck- und Stressfragen zielen darauf ab, Ihr Aggressivitätspotenzial auszureizen. Wenn Sie aggressiv auf die Fragen des Interviewers reagieren, weil er Sie beispielsweise absichtlich reizt, dann haben Sie verloren.

Ruhig Blut bewahren!

Bleiben Sie sachlich und nehmen Sie sich zurück. Rechnen Sie in jedem Interview mit einer Situation, in der Sie auf die Probe gestellt werden, ob Sie bei persönlichen Angriffen ruhig bleiben. Nehmen Sie sich in diesem Fall stets zurück. Das ist der einzig richtige Weg.

7.6 Vorstellungsgespräch und Kleidung

„Kleider machen Leute" – das stimmt. Innerhalb der ersten paar Sekunden macht sich der Interviewer ein Bild von Ihnen. Bevor Sie noch ein einziges Wort gesprochen haben, hat er Sie schon in eine seiner „geistigen Schubladen" eingeordnet.

Gestik, Mimik und noch viele anderen Dinge spielen in den paar Sekunden des ersten Eindrucks eine entscheidende Rolle. Die vorschnelle Beurteilung und Kategorisierung ist keine Eigenheit der Interviewer, sondern die aller Menschen. „Der erste Eindruck zählt", heißt es so schön. Der erste Eindruck zählt insofern, als der Interviewer nur noch schwer von seinem Ersturteil abrückt. Wenn er einen schlechten Eindruck gewonnen hat, wird er versuchen jede Ihrer Äußerungen negativ zu bewerten. Es ist schwer die dadurch entstandene negative Grundstimmung wieder ins Positive zu wenden. Besser ist ein freundlicher, selbstbewusster Auftritt, der keinen schlechten ersten Eindruck aufkommen lässt.

Auch die Kleidung beeinflusst den ersten Eindruck ganz wesentlich. Welche Kleidung ist aber angemessen? Auch hier gibt es wie so oft keine goldene Regel, generell lässt sich aber folgende Tendenz feststellen (am Beispiel eines männlichen Bewerbers): Wirtschaftliche Fachhochschulen sehen es in der Regel ganz gerne, wenn der Bewerber im Business Look – also Anzug und Krawatte – erscheint. Bei den Technikern geht es schon etwas lockerer zu. Hier kann der Dreiteiler mitunter sogar abstoßend wirken. Besser: Hemd ohne Krawatte, erster

Knopf offen, schönes Sakko, schöne Hose (keine Jeans!). Die Künstler lieben es noch legerer. Hier ist der Dreiteiler mit allergrößter Wahrscheinlichkeit vollkommen fehl am Platz. Diese Richtlinien sollten Sie jedoch nicht blind übernehmen. Machen Sie sich am Tag der offenen Tür selbst einen Eindruck davon, wie sich Studiengangsleiter und das leitende Personal kleidet. Nehmen Sie das als Anhaltspunkt für Ihre Kleidungswahl.

7.7 Beispielfragen

Auf den nächsten Seiten finden Sie eine ganze Reihe von Fragen, die Sie beim Aufnahmegespräch in dieser oder ähnlicher Form erwarten können. Die schlagwortartigen Lösungshinweise sollen Sie in die richtige Antwortrichtung führen.

Frage

Der Interviewer will wissen:
Worauf zielt die Frage eigentlich ab?

Antwortmöglichkeit:
Diese oder sinngemäß ähnliche Antworten passen zu der Frage.

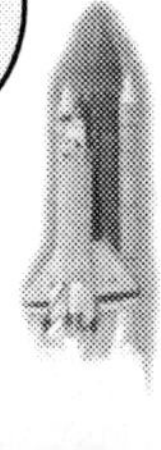

Welche sind Ihre drei größten Stärken?

Der Interviewer will wissen:
Haben Sie sich darüber Gedanken gemacht?
Sind die Stärken FH-relevant?
Können Sie eine überzeugende Antwort geben?

Antwortmöglichkeit:
Meine Stärken sind 1., 2., 3. Für jede dieser Stärken kann ich Ihnen auch gerne Beispiele nennen. (Beispiele aus Schule/Beruf)

Wie sieht Ihre Leistungskurve aus?

Der Interviewer will wissen:
Haben Sie ein straffes Zeitmanagement oder lungern Sie den ganzen Tag lang herum?

Antwortmöglichkeit:
Ich habe ein ziemlich straffes Zeitmanagement, Tagesablauf beschreiben, meine Leistungsspitzen sind gegen xy Uhr.

Warum möchten Sie ausgerechnet hier studieren?

Der Interviewer will wissen:
Haben Sie nur Interesse an dem Studium oder verfolgen Sie damit auch weitere berufliche Ziele?

Antwortmöglichkeit:
Mein Berufsziel ist xy, Ich habe mehrere Ausbildungsalternativen überdacht, Ihr Studiengang bereitet mich am besten auf meine Ziele vor.

Was gefiel und was missfiel Ihnen an Ihrer letzten Ausbildungsstätte bzw. an Ihrem letzten Arbeitgeber?

Der Interviewer will wissen:
Spricht der Bewerber schlecht über ehemalige Vorgesetzte/Kollegen/Systeme?

Antwortmöglichkeit:
Hauptsächlich die positiven Dinge erzählen. Auf keinen Fall schlecht über andere reden.

Was ist Ihre größte Stärke?

Der Interviewer will wissen:
Haben Sie sich darüber Gedanken gemacht? Ist die Stärke FH-relevant? Können Sie eine überzeugende Antwort geben?

Antwortmöglichkeit:
Meine größte Stärke ist xy. Beispiele aus Schule/Beruf bringen.

Was interessiert Sie am meisten an dieser FH/diesem Studiengang?

Der Interviewer will wissen:
Warum möchte der Bewerber das Studium absolvieren?

Antwortmöglichkeit:
Mich interessiert der ganze Studiengang, weil er mich meinen beruflichen Zielen näherbringt (benennen). Besonderes Interesse habe ich an Fachgebiet 1, Fachgebiet 2 und Fachgebiet 3.

Haben Sie in der Schule Ihr Bestes gegeben?

Der Interviewer will wissen:
Ist das Beste schon vorbei?

Antwortmöglichkeit:
Ich habe nicht nur in der Schule versucht mein Bestes zu geben, ich versuche es eigentlich immer und überall, so wie hier im Aufnahmegespräch.

Welche Qualifikationen besitzen Sie?

Der Interviewer will wissen:
Können wir Sie brauchen?

Antwortmöglichkeit:
Nennen Sie jene Qualifikationen auf die von der FH Wert gelegt wird. Bringen Sie Beispiele.

Was sind Ihre größten Leistungen?

Der Interviewer will wissen:
Übertreibt der Bewerber? Ist er realistisch? Hat er überhaupt schon große Leistungen erbracht?

Antwortmöglichkeit:
Beispiel aus Schule/Beruf vorbereiten, Leistung hervorstreichen, selbstbewusst aber nicht übertrieben selbstverherrlichend formulieren.

Können Sie unter Druck arbeiten?

Der Interviewer will wissen:
Ist der Bewerber belastbar?

Antwortmöglichkeit:
Natürlich, ich kann unter Druck sogar sehr gut arbeiten. Beispiel aus Schule/Beruf bringen.

Was interessiert Sie am meisten am Beruf des Sozialarbeiters, ...?

Der Interviewer will wissen:
Warum möchte Bewerber Studium absolvieren?

Antwortmöglichkeit:
Mich interessiert die ganze Branche, speziell xy. Besonderes Interesse habe ich an 1., 2., 3. Beispiele bringen, erklären, warum ein Interesse an dem Berufsbild vorhanden ist?

Aus welchem Grund sollen wir gerade Sie aufnehmen?

Der Interviewer will wissen:
Ob Sie ihn von Ihrer Person überzeugen können.

Antwortmöglichkeit:
Weil mir Ihr Studiengang hilft, meine beruflichen Ziele zu verfolgen (benennen). Weil ich die Qualifikationen erfülle, auf die Sie laut Ihrem Informationsmaterial Wert legen (benennen + Beispiele als Beweis bringen).

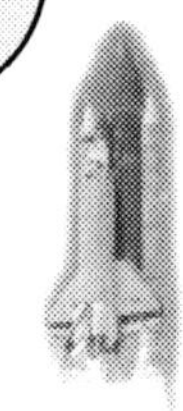

Was bieten Sie, was ein anderer nicht bieten kann?

Der Interviewer will wissen:
Ob Sie ihn von Ihrer Person überzeugen können.

Antwortmöglichkeit:
Ich erfülle die Qualifikationen auf die Sie laut Ihrem Informationsmaterial Wert legen (benennen + Beispiele als Beweis bringen).

Beschreiben Sie eine schwierige Situation, mit der Sie sich herumschlagen mussten.

Der Interviewer will wissen:
Wo hat der Bewerber Schwächen? Kann er mit schwierigen Situationen gut umgehen?

Antwortmöglichkeit:
Beispiel aus Schule/Beruf bringen. Erklären, wie man mit der Situation umgegangen ist. Erklären wie man damit erfolgreich fertig geworden ist.

Wie würde Sie Ihr Arbeitgeber/Klassenvorstand bewerten?

Der Interviewer will wissen:
Spricht der Bewerber schlecht über ehemalige Vorgesetzte/Kollegen/Systeme?

Antwortmöglichkeit:
Hauptsächlich die positiven Dinge erzählen. Auf keinen Fall schlecht über andere reden.

Ich bin nicht sicher, ob Sie für diese FH geeignet sind.

Der Interviewer will wissen:
Ob Sie auf Angriffe gelassen reagieren.

Antwortmöglichkeit:
Ich kann Ihnen nur sagen, warum ich der Meinung bin, dass ich doch für diese FH geeignet bin. Die FH bereitet mich bestens auf mein Berufsziel vor. Deshalb ist mir ein Ausbildungsplatz hier sehr wichtig. Ich erfülle die Qualifikationen, auf die Sie Wert legen (Nennen und Beweise bringen).

Was ist Ihre größte Schwäche?

Der Interviewer will wissen:
Geben Sie Schwächen zu? Sind diese Schwächen FH-relevant?

Antwortmöglichkeit:
Keinesfalls Schwächen mit FH-Bezug nennen. (Ich bin nicht teamfähig) Auch keine Stärken als Schwächen tarnen (Ich bin ein überaus genauer Mensch). Schwächen zugeben, wo Sie FH-Anforderungen nicht berühren.

Wir haben schon früher versucht Studenten aus Ihrer Schule aufzunehmen, das hat aber nie geklappt.

Der Interviewer will wissen:
Ob Sie auf Angriffe gelassen reagieren.

Antwortmöglichkeit:
Ich kenne die anderen Bewerber nicht. Ich kann Ihnen nur sagen, warum ich der Meinung bin, dass ich schon für diese FH geeignet bin. (Berufsziel, Qualifikationen, Stärken nennen + Beispiele)

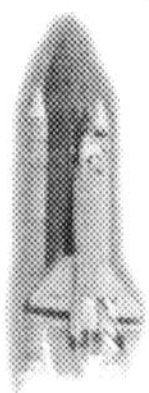

Würden Sie sich auf einer anderen FH nicht wohler fühlen?

Der Interviewer will wissen:
Wissen Sie warum Sie sich bewerben?

Antwortmöglichkeit:
Nun es geht mir weniger ums Wohlfühlen. Eine andere FH kommt für mich nicht in Frage, weil mich nur dieser Studiengang optimal auf mein Berufsziel vorbereitet. (Berufsziel und Fächer nennen, die für die Erreichung wichtig sind)

Welche Entscheidungen fallen Ihnen am schwersten?

Der Interviewer will wissen:
Wo ihre Schwächen liegen

Antwortmöglichkeit:
Beispiel aus dem Privatleben vorbereiten. Entscheidungen im Privatbereich, die mit hohen Investitionen verbunden sind. Beispielsweise Autokauf, Wohnungskauf, etc.

Warum haben Sie das Studium schon einmal gewechselt?

Der Interviewer will wissen:
Haben Sie überhaupt Ausdauer und Durchhaltevermögen?

Antwortmöglichkeit:
Nun, es lag nicht am Studium selbst, sondern vielmehr an den Berufsaussichten, die mich abgeschreckt haben. Keinesfalls schlecht über die Universität sprechen.

Wie viele Fehltage sind Ihrer Meinung nach an einer FH gerade noch tolerierbar?

Der Interviewer will wissen:
Ob Sie gerne mal „blau machen".

Antwortmöglichkeit:
Soweit ich weiß ist an der FH Anwesenheitspflicht. Also sind nur die Fehltage tolerierbar, die unvermeidbar sind. z.B. Krankheit

Welchen Eindruck hatten Sie von Ihrer Schule/Arbeitsstätte?

Der Interviewer will wissen:
Ob Sie schlecht über Systeme reden.

Antwortmöglichkeit:
Ich hatte einen sehr guten, einen ausgezeichneten Eindruck, weil...

Nennen Sie einige Arbeiten die Ihnen schwer fallen und erklären Sie warum.

Der Interviewer will wissen:
Was sind Ihre Schwächen?

Antwortmöglichkeit:
Tätigkeiten nennen, die wenig mit der Fachhochschule und den geforderten Qualifikationen zu tun haben. Keine lächerlichen Beispiele bringen.

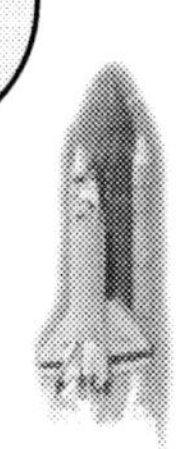

Was bereitet Ihnen Sorgen?

Der Interviewer will wissen:
Haben Sie Ängste die Sie belasten und die sich dem Studium in den Weg stellen könnten?

Antwortmöglichkeit:
Glücklicherweise habe ich weder Ängste noch Sorgen.

Warum sollen wir die anderen nicht aufnehmen?

Der Interviewer will wissen:
Wie Sie über andere Reden. Ob Sie Selbstbewusstsein haben.

Antwortmöglichkeit:
Ich kenne die anderen nicht/zu wenig, um mich mit ihnen vergleichen zu können. Ich kann Ihnen nur sagen, warum Sie mich nehmen sollen. (Berufsziel, FH hilft mir Berufsziel zu erreichen,...)

Warum haben Sie die Praktika immer im gleichen Unternehmen gemacht?

Der Interviewer will wissen:
Sind Sie protegiert worden? Sind sie nicht flexibel?

Antwortmöglichkeit:
Weil meine Tätigkeit in der Firma xy sehr interessant war und die Firma immer wieder an mich herangetreten ist und mich eingeladen hat wieder ein Praktikum dort zu absolvieren. Außerdem war die Bezahlung hervorragend.

Was machen Sie, wenn jemand von Ihnen abschreiben will, der wegen privater Probleme wenig lernen konnte?

Der Interviewer will wissen:
Soziale Kompetenz. Wie Sie zum Schummeln stehen.

Antwortmöglichkeit:
Ich werde es weder fördern noch verhindern.

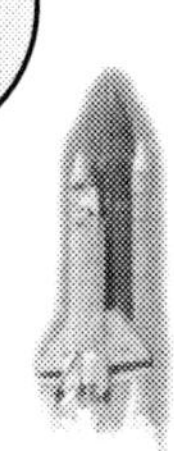

Mit welchen Menschen arbeiten Sie gerne zusammen?

Der Interviewer will wissen:
3-teilige Frage Teil 1. Welche Menschen mögen Sie?

Antwortmöglichkeit:
Mit ehrlichen, freundlichen, kompetenten Menschen.

Mit welchen Menschen arbeiten Sie ungern zusammen?

Der Interviewer will wissen:
3-teilige Frage Teil 2. Welche Menschen mögen Sie nicht.

Antwortmöglichkeit:
Das kann ich nicht so generell sagen. Bis jetzt bin ich immer mit allen Kollegen ausgekommen.

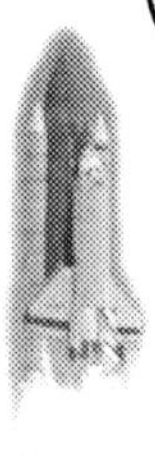

Wie konnten Sie erfolgreich mit schwierigen Personen zusammenarbeiten?

Der Interviewer will wissen:
3-teilige Frage Teil 3. Wie kommen Sie mit schwierigen Personen zurecht?

Antwortmöglichkeit:
Bei den meisten hat immer noch meine Begeisterungsfähigkeit abgefärbt. Ich kann Menschen sehr gut motivieren etwas zu arbeiten.

Wie reagieren Sie auf die Anweisungen von Lektoren?

Der Interviewer will wissen:
Können Sie sich unterordnen? Wie gehen Sie mit Kritik um?

Antwortmöglichkeit:
Ich denke die Lektoren sind dazu da um mir etwas beizubringen. Deshalb werde ich ihre Anweisungen ausführen. Auch wenn sie mal gegen meinen Willen sind.

Beschreiben Sie eine Situation, in der Ihre Arbeit oder Ihre Ideen kritisiert wurden.

Der Interviewer will wissen:
Können Sie Fehler eingestehen? Wo sind Ihre Schwächen? Wie gehen Sie mit Kritik um?

Antwortmöglichkeit:
Eine Situation beschreiben. Kritik ist ja nicht Schlechtes, sie hilft besser zu werden.

Erzählen Sie von sich!

Der Interviewer will wissen:
Wie können Sie sich verkaufen? Können Sie von sich erzählen?

Antwortmöglichkeit:
Siehe Kapitel 9.2.1 Selbstpräsentation.

Steht für Sie die persönliche Zufriedenheit oder der berufliche Aufstieg im Vordergrund?

Der Interviewer will wissen:
Sind Sie ein Karrieretiger oder ein Freizeittyp?

Antwortmöglichkeit:
Beruflicher Aufstieg und persönliche Zufriedenheit gehen Hand in Hand.

Wo haben Sie schon Initiative gezeigt?

Der Interviewer will wissen:
Sind Sie ein Macher?

Antwortmöglichkeit:
Schulische/Berufliche Erfolge erwähnen bei denen Sie Initiative gezeigt haben. Beispiele vorbereiten.

Wo haben Sie – im Rückblick – Dummheiten gemacht?

Der Interviewer will wissen:
Haben Sie Dummheiten gemacht? Wann waren die letzten?

Antwortmöglichkeit:
Weit zurückliegende Ereignisse mit Humor unterstreichen (Lausbubenstreiche).

Wie haben Ihre Mitbewerber auf Sie gewirkt?

Der Interviewer will wissen:
Wie sprechen Sie über Ihre Mitbewerber?

Antwortmöglichkeit:
Sehr kompetent, vor allem Frau, Herr XY. Nur positiv formulieren.

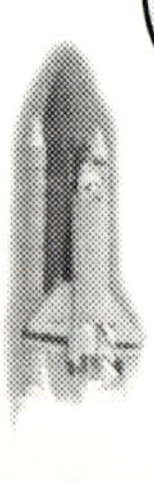

Wie sehr interessieren Sie sich für Sport?

Der Interviewer will wissen:
Sind Sie ein sportlicher, also dynamischer Typ?

Antwortmöglichkeit:
Sehr! Vor allem Mannschaftssportarten und Ausdauersportarten anführen.

Erläutern Sie Ihre Funktion als Gruppen/Teammitglied

Der Interviewer will wissen:
Sind Sie ein Teamspieler oder ein Einzelgänger? Welche Gruppenrolle erfüllen Sie?

Antwortmöglichkeit:
Erzählen Sie, was Sie bei der letzten Gruppenarbeit gemacht haben, welche Aufgaben und Funktionen Sie hatten und merken Sie an, dass Ihnen Teamarbeit Spaß macht.

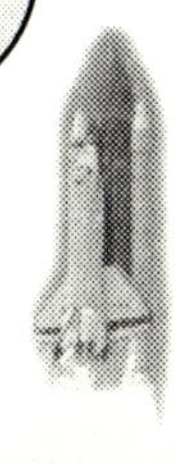

Wie gehen Sie mit einer persönlichen Krise um?

Der Interviewer will wissen:
Können Sie sich selbst motivieren? Haben Sie ein persönliches Krisenmanagement?

Antwortmöglichkeit:
Ich gehe mit meiner Freundin spazieren, mache Sport, gehe mit Freunden aus, bespreche das Problem mit Eltern/Freundin/Freund/Freunden. Hole mir gute Ratschläge und entscheide mich für die beste Lösungsmöglichkeit der Krise.

Was würden Sie machen, wenn Sie mehr Freizeit hätten?

Der Interviewer will wissen:
Interessieren Sie sich auch außerhalb des Studiums für die Studienrichtung?

Antwortmöglichkeit:
Ich würde sicher mehr Zeit mit meinem Freund/meiner Freundin verbringen, aber auch mehr Fachzeitschriften lesen und mich auch außerhalb der FH mit der Studienrichtung beschäftigen.

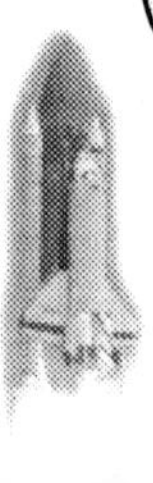

Arbeiten Sie gerne alleine?

Der Interviewer will wissen:
Sind Sie ein Teamspieler?

Antwortmöglichkeit:
Ich bin eher ein Teamspieler, aber innerhalb eines Teams arbeite ich auch ganz gerne alleine. Das ist ja auch notwendig.

Erzählen Sie mir eine Geschichte!

Der Interviewer will wissen:
Wie verkauft sich der Kandidat?

Antwortmöglichkeit:
Siehe Kapitel 9.2.1 Selbstpräsentation

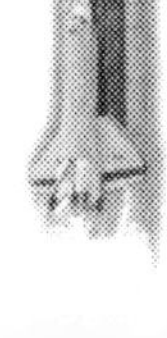

Definieren Sie Zusammenarbeit!

Der Interviewer will wissen:
Sind Sie ein Teamspieler?

Antwortmöglichkeit:
Zusammenarbeit heißt für mich Teamarbeit. Innerhalb des Teams muss aber jeder selbständig arbeiten, damit das Team eine gute Leistung erbringt. Bei der Zusammenarbeit ist in erster Linie eine gute Arbeitskoordination wichtig.

Eine Teamarbeit scheitert, weil ein Kollege nicht mitgearbeitet hat. Wie erklären Sie das dem Lektor?

Der Interviewer will wissen:
Besitzen Sie soziale Kompetenz?

Antwortmöglichkeit:
Das war ein Teamfehler, das gesamte Team steht dafür gerade. Der Kollege wird sicher nicht verpetzt.

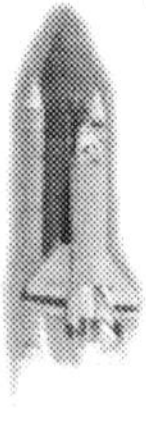

Wann haben Sie zum ersten Mal von unserer FH gehört?

Der Interviewer will wissen:
Wie gut hat sich der Bewerber vorbereitet? Ist seine Bewerbung eine Spontanaktion?

Antwortmöglichkeit:
Ich habe vor etwa 3 bis 4 Monaten nach Ausbildungsmöglichkeiten für mein Berufsziel zu recherchieren begonnen. Das muss also gegen Ende Februar gewesen sein.

Kennen Sie unsere Homepage?

Der Interviewer will wissen:
Wie gut ist der Bewerber vorbereitet? Weiß er, wofür er sich bewirbt?

Antwortmöglichkeit:
Ja natürlich, ich habe sogar sehr viel auf Ihrer Homepage recherchiert. Was wollen Sie denn wissen?

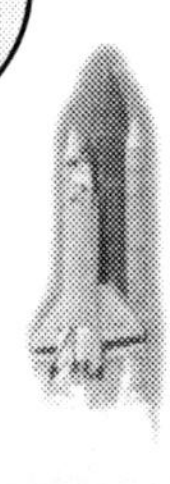

Was wissen Sie von unserer FH/von unserem Studiengang?

Der Interviewer will wissen:
Wie gut ist der Bewerber vorbereitet? Weiß er, wofür er sich bewirbt?

Antwortmöglichkeit:
Ich kann Ihnen etwas über den Studienplan, die Lektoren, den Zeitaufwand, etc. erzählen. Was möchten Sie denn genau wissen?

Wissen Sie, welche Kosten auf Sie in diesem Studium zukommen werden?

Der Interviewer will wissen:
Wie gut hat sich der Bewerber informiert?

Antwortmöglichkeit:
Ja, die Studiengebühren betragen xy, die Materialkosten etwa xy (recherchieren).

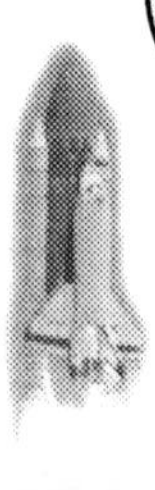

Wie wollen Sie Ihr Studium eigentlich finanzieren?

Der Interviewer will wissen:
Haben Sie sich über die Finanzierung bereits Gedanken gemacht?

Antwortmöglichkeit:
Ich erwarte folgende Kosten: Studiengebühren xy, Materialkosten xy, Wohnung xy, Verkehrsmittel xy, sonstiger Lebensunterhalt xy. Die Finanzierung ist durch meine Reserven/meinen Beruf/meine Ersparnisse gedeckt.

Wer ist eigentlich der Erhalter Ihrer FH?

Der Interviewer will wissen:
Wie gut hat sich der Bewerber im Vorfeld informiert?

Antwortmöglichkeit:
Richtige Antwort geben. Vorher recherchieren.

Was glauben Sie ist der Inhalt der Lehrveranstaltung xy?

Der Interviewer will wissen:
Wie gut ist der Bewerber vorbereitet? Weiß er, wofür er sich bewirbt?

Antwortmöglichkeit:
Richtige Antwort geben. Vorher recherchieren.

Wofür ist ein Marketing Experte, Bauingenieur, Sozialarbeiter,... im allgemeinen Zuständig?

Der Interviewer will wissen:
Wie gut ist der Bewerber vorbereitet? Weiß er, wofür er sich bewirbt?

Antwortmöglichkeit:
Richtige Antwort geben. Vorher recherchieren.

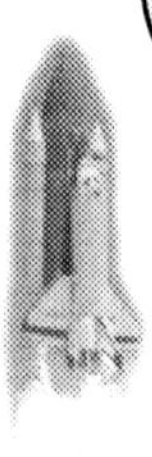

Wie viele Stunden werden Sie pro Woche für die FH aufbringen?

Der Interviewer will wissen:
Ist der geschätzte Lernaufwand realistisch?

Antwortmöglichkeit:
Nun der Unterricht umfasst ca. xy Stunden pro Woche, daheim rechne ich im Schnitt nochmals mit 20 Lernstunden.

Haben Sie sich auch an anderen FHs beworben?

Der Interviewer will wissen:
Wie wichtig ist diesem Kandidaten dieser Studiengang?

Antwortmöglichkeit:
Entweder: nein, oder ähnliche Studiengänge. Sie haben als Bewerber ja das Recht sich abzusichern.

Sie haben einen Urlaub gebucht und eine Lehrveranstaltung wird in diese Zeit verschoben. Was machen Sie?

Der Interviewer will wissen:
Wie wichtig ist dem Bewerber die FH?

Antwortmöglichkeit:
Ich werde versuchen den Kurs nachzuholen oder eventuell bei einer anderen Gruppe mitzumachen. Wenn das nicht funktioniert werde ich den Urlaub stornieren.

Was erwarten Ihre Eltern/Ihr Freund/Ihre Frau,... von Ihnen?

Der Interviewer will wissen:
Wer will, dass der Bewerber studiert?

Antwortmöglichkeit:
Eltern/Freund/Frau lassen mir Entscheidungsfreiheit. Es ist familiär alles abgesprochen.

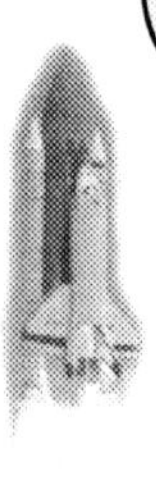

Wenn Sie nicht genommen werden, was machen Sie dann?

Der Interviewer will wissen:
Wie ernst nimmt der Bewerber die Bewerbung?

Antwortmöglichkeit:
Ich werde es nächstes Jahr nochmals versuchen und zwischenzeitlich brancheneinschlägig arbeiten.

7.8 Das Ende des Interviews

Vergessen Sie nicht, sich am Ende für das Gespräch zu bedanken. Stellen Sie bitte keine Fragen wie: "Wie stehen meine Chancen?". Das kann der Interviewer nicht beantworten, weil er nicht allein entscheidet und die Präsentation nur ein Teil des gesamten Aufnahmeverfahrens ist. Sie können sich aber ohne weiteres erkundigen, bis wann ein Ergebnis zu erwarten ist, außer Sie haben diese Information ohnehin schon erhalten.

7.9 Knockout Kriterien im Aufnahmegespräch

Auch beim Aufnahmegespräch gibt es eine ganze Reihe von Knockout Kriterien, die Sie kennen sollten. Die nachstehende Liste gibt einen groben Überblick.

⏭ Ihnen ist nicht klar, welche Kosten auf Sie im Studium zukommen werden.

⏭ Sie stellen ständig Gegenfragen und beantworten die Ihnen gestellten Fragen nur unzureichend.

⏭ Ihr Wissen über die FH oder den Studiengang sind unzureichend und Sie wissen eigentlich nicht genau, wofür Sie sich da beworben haben.

⏭ Sie schätzen Ihre Mitbewerber als „mittelmäßig“ oder „ganz nett“ ein oder schwärzen sie sogar an.

⏭ Sie haben kein Berufsziel und wollen einfach nur aus Interesse studieren.

⏭ Sie schwärzen ehemalige Vorgesetzte, Lehrer, Systeme, Firmen, etc. an.

⏭ Sie begründen schlechte Schulnoten mit der Schuld des Lehrers.

⏭ Sie schätzen den Zeitaufwand für das Studium falsch ein.

⏭ Sie profilieren sich als Mensch mit Ellbogentaktik statt als Teamspieler.

⏭ Sie kennen Ihre Stärken und Schwächen nicht.

- Sie wissen nicht, was Sie gut können und welche Talente Sie haben.

- Sie zögern ewig mit der Beantwortung der Fragen.

- Ihre Antworten sind untereinander nicht stimmig.

- Bei Druck- und Stressfragen reagieren Sie angegriffen und schlagen verbal zurück.

- Sie antworten nur reines „Blabla" und bringen keine Beispiele und keine Fakten.

- Sie äußern sich abfällig über Universitäten.

- Sie wissen nicht, welche Fächer unterrichtet werden und auch nicht, was der Inhalt dieser Fächer ist.

- Sie nehmen den Interviewer nicht für voll. „Sie sehen so jung aus, studieren Sie auch hier?"

- Sie haben unrealistische Berufsvorstellungen (Manager gleich nach Studienabschluss).

- Sie kennen Keine Unternehmen die in der Branche tätig sind, für die der Studiengang ausbildet.

- Sie tragen unangemessene Kleidung.

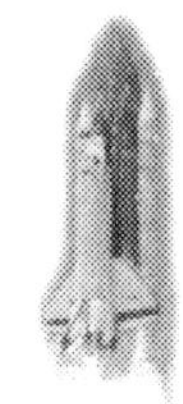

8 Assessmentcenter

An einigen wenigen Studiengängen finden Assessmentcenter zur Bewerberauswahl statt. Teilübungen des Assessment Centers kommen fast bei jedem Aufnahmeverfahren vor.

AC-Aufgaben kommen häufig vor

Es empfiehlt sich daher dringend, auch diesen Teil des Buchs genau durchzulesen, um einen Überblick über mögliche Aufgaben zu bekommen.

8.1 Definition „Assessment Center"

Kitzmann (1990, S. 28) definiert das Assessment Center folgendermaßen: „Das Assessment Center ist ein systematisches Verfahren zur Auswahl und Entwicklung von Führungskräften. Es handelt sich um ein zwei- bis dreitägiges Auswahlverfahren." *Rischar* (1990, S. 89) formuliert allgemeiner: „Das AC ist ein Auswahlverfahren, das durch die Komplexität der gestellten Anforderungen die Chance zu vielfältigen Beobachtungen in unterschiedlichen Situationen bietet."

Unter dem Begriff „Assessment Center" wird aber auch die Zusammensetzung der unterschiedlichsten Auswahlverfahren verstanden, die alle für eine Gruppe von Bewerbern durchgeführt werden und bei denen mehrere Beobachter teilnehmen.

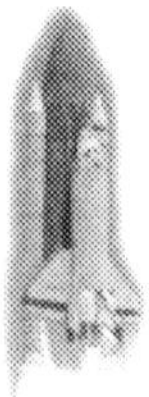

Das Assessment Center ist ein relativ flexibles Verfahren, das vier Prinzipien beinhaltet. Diese Prinzipien sind namentlich die Verhaltensorientierung, die Methodenvielfalt, die Mehrfachbeurteilung und die Anforderungsbezogenheit.

8.2 Die Besonderheiten des Assessment Centers

Auf das Assessment Center treffen im Unterschied zu den sonst üblichen Auswahlmethoden die in der Folge dargestellten Besonderheiten zu. Das Assessment Center ist ein nach allen wissenschaftlichen Erkenntnissen aufgebautes und geprüftes Verfahren, das auf Auswahlzielen basiert, auf die alle Methoden und Beurteilungsprozesse ausgerichtet sind. Darüber hinaus müssen die Bewerber mindestens drei verschiedene Anforderungssituationen bewältigen, die unterschiedliches Verhalten provozieren. Die Beurteilung wird von mindestens drei Personen vorgenommen. Die Erkenntnisse aus dem Assessment Center werden den Teilnehmern im Anschluss daran mitgeteilt und mit ihnen diskutiert. Die Auswählenden sind einerseits Psychologen und andererseits Praktiker, die eigens für ihre Beurteilungsaufgabe geschult werden. Im Grunde genommen ist das Assessment Center kein neues Auswahlverfahren, sondern nur eine Verbindung aus herkömmlichen Selektionsverfahren mit neuartigen Versuchsanordnungen.

8.3 Die Übungen im Assessment Center

Für das Assessment Center existiert eine ganze Reihe von Standardübungen. Speziell entwickelte Übungen können zusätzlich in jedem Assessment Center vorkommen. Jede neu konstruierte Übung muss allerdings ausführlich getestet werden. Als günstig hat es sich erwiesen, wenn zwischen den einzelnen Übungen inhaltliche Beziehungen bestehen und somit ein logischer Übungsablauf gewährleistet ist.

Folgende Übungen werden eingesetzt und hier ansatzweise beschrieben:

- **Gruppendiskussionen**

Während einer Gruppendiskussion kann schnell erkannt werden, welcher Bewerber welchen anderen Bewerber beeinflusst, wer dominierende Verhaltensweisen zeigt und wer eher zurückhaltend reagiert. Die Gruppe liefert dabei Anreize für bestimmte Verhaltensweisen. Folgende Eigenschaften der Bewerber können dabei beobachtet werden: Durchsetzungsvermögen, Flexibilität, verbale Gewandtheit, emotionale Stabilität, Aktivität und Kooperationsfähigkeit. Gruppendiskussionen können von einem Diskussionsleiter geführt werden oder frei ablaufen.

- **Psychologische Tests**

Im Assessment Center können Intelligenztests, Leistungstests und Persönlichkeitstests eingesetzt werden. Die Begriffe wurden bereits erklärt (vgl. Kapitel 6).

- **Postkorbübung**

Die Postkorbübung ist eine Einzelübung, bei der die Teilnehmer eine Vielzahl von Problemen in Form eines simulierten Posteingangs bearbeiten. Die Teilnehmer müssen entscheiden, delegieren, Informationen einholen und Stellungnahmen abgeben.

- **Selbsteinstufung**

Der Bewerber erhält ein Polaritätenprofil und muss seine Eigenschaften anhand dieses Profils selbst einschätzen. Diese Einstufung soll zeigen, ob sich ein Teilnehmer realistisch sieht. Mit Selbsteinstufung ist aber nicht nur die Einschätzung des einzelnen Bewerbers gemeint, sondern auch, dass die Bewerber sich gegenseitig einschätzen. Dies kann in Form des Peer-Rankings und des Peer-Ratings. geschehen. Beim Peer-Ranking wird die Rangreihe in der Gruppe eingeschätzt, beim Peer-Rating schätzen sich die Gruppenteilnehmer bezüglich bestimmter Kriterien ein.

- **Fallmethode**

Bei dieser Gruppenübung geht es um gemeinsame Entscheidungsprozesse. Der Gruppe wird eine Fallstudie mit verschiedenen Lösungsmöglichkeiten vorgelegt, und sie muss sich für eine der Möglichkeiten entscheiden.

- **Projektmethode**

Die Projektmethode unterscheidet sich nur in einem Punkt von der Fallmethode. Die Fallstudie stellt ein reales Unternehmensproblem und nicht eine fiktive Annahme dar.

- **Planspiel**

Unter einem Planspiel versteht man ein Lehrverfahren, bei dem den Bewerbern an einem Modell Entscheidungen abverlangt werden. Es kann verdeutlichen, ob die Bewerber fähig sind, in größeren Zusammenhängen zu denken und ihr

Partikulärinteresse dem Gesamtgruppeninteresse unterzuordnen.

- **Kooperationsspiele**

Bei Kooperationsspielen wird der Gruppe der Bewerber eine Aufgabe gestellt, welche die einzelnen Bewerber gemeinsam lösen müssen. So eine Aufgabe kann beispielsweise darin liegen, einen tragfähigen Turm aus Pappe zu bauen. Dabei können die Teilnehmer auf folgende Eigenschaftspaare hin untersucht werden: kooperativ – autoritär, aktiv – passiv, flexibel – starr, schnell – langsam und kreativ – einseitig.

- **Entscheidungsspiele**

Ähnlich wie bei der Fallmethode muss die Gruppe bei Entscheidungsspielen eine Aufgabe gemeinsam lösen. Allerdings sind keine Lösungsmöglichkeiten vorgegeben.

- **Interaktionsanalyse**

Die Interaktionsanalyse ist eine versteckte Selbsteinschätzung. Die Teilnehmer bestimmen beispielsweise, welchen der anderen sie gerne als Chef hätten oder mit wem sie am liebsten zusammenarbeiten würden. Bei der Auswertung der Ergebnisse wird dann schnell erkannt, wer eine Außenseiterposition innerhalb der Gruppe einnimmt.

- **Vorträge und Präsentationen**

Die Teilnehmer erhalten die Aufgabe, über ein bestimmtes Thema einen Kurzvortrag zu halten oder ein bestimmtes Thema zu präsentieren. Dafür steht ihnen wenig

Vorbereitungszeit zur Verfügung. Dabei können Auftreten, Körperhaltung, Sprache, Satzbau, Zuhörergewinnung und Vortragstechnik beurteilt werden.

- **Schriftliche Ausdruckstechnik**

Ein von den Bewerbern zu verfassendes Schriftstück wird auf sprachliche Gewandtheit, Gliederung, Sachlichkeit, Konzentration auf das Wesentliche und den Stil untersucht.

Zusätzlich zu den genannten Übungen werden auch noch Rollenspiele und Interviews zu den Übungen des Assessment Centers gezählt.

- **Rollenspiele**

Auch Rollenspiele zählen zu den typischen Assessment Center Übungen. Der Bewerber führt dabei mit einer von den Beurteilern ausgewählten Person ein Gespräch. Das Verhalten dieser Person ist genau festgelegt. Der Bewerber erhält eine Beschreibung der Situation, auf deren Grundlage er das Gespräch oder ein Interview führen soll.

- **Stressinterviews**

Beim Stressinterview werden die Bewerber mit aggressiven Fragen konfrontiert, um ihre Reaktion zu testen.

- **Weitere Interviews**

Andere Interviewformen gehören wie bereits erwähnt ebenfalls zu den im Assessment Center eingesetzten Modulen.

Die Liste der genannten Übungen erhebt keinen Anspruch auf Vollständigkeit, sondern soll die Vielschichtigkeit des Assessment Center Verfahrens andeuten. Abschließend wird angemerkt, dass mittlerweile Teile des Assessment Centers computergestützt durchgeführt werden können.

Als besonders häufig angewendete Teilübung des Assessment Centers finden Präsentationen in Fachhochschul-Aufnahmeverfahren Einzug. Daher wird der Präsentation ein eigenes Kapitel gewidmet.

9 Präsentationen

9.1 Grundlagen der Präsentationen

In vielen Fachhochschulen ist die Präsentation ein fixer Bestandteil der Aufnahmeprüfung. Bei der Präsentation geht es vorrangig darum, einen kompetenten, selbstsicheren Eindruck zu hinterlassen und Sachverhalte oder Ideen möglichst klar und transparent darzustellen. Der Zuhörer soll durch Ihre Sprach- und Medienwahl den Eindruck erhalten, ein in sich geschlossenes Ganzes präsentiert zu bekommen.

Vermitteln Sie Sympathie!

Das Wichtigste ist aber, dass Sie einen sympathischen Eindruck hinterlassen. Sympathie hebt Sie von den anderen ab, und darum geht es ja letztendlich. Nie würden Sie beispielsweise eine Versicherung kaufen, wenn Ihnen der Versicherungsvertreter unsympathisch wäre. Fach- und Methodenkompetenz können noch so gut sein – ohne Sympathietransfer wird Ihre Präsentation die Zuhörer nicht begeistern können.

Gleich einmal vorweg: Präsentationen sind weder Referate, noch Leseübungen und schon gar nichts zum Auswendiglernen. Setzt man den Sympathietransfer als „Dogma" voraus, dann haben Präsentationen noch zwei weitere vorrangige Ziele: Sie sollen entweder informieren oder überzeugen. Entsprechend Ihrer Absicht (informieren oder überzeugen) gibt es verschiedene Ansätze, Präsentationen richtig aufzubauen.

Welche Art von Präsentationen Sie im Rahmen Ihrer Aufnahmeprüfung halten werden, ist von FH zu FH unterschiedlich. Meistens sind es jedoch Informationspräsentationen, da diese etwas weniger Know-How und Erfahrung voraussetzen als Überzeugungspräsentationen, bei denen vor allem rhetorische Kniffe eine große Rolle spielen. Trotzdem soll in der Folge auch kurz auf die Überzeugungspräsentationen eingegangen werden.

- **Das Zeitlimit**

Bei jeder Präsentation haben Sie ein vorgegebenes Zeitlimit. Meist sind das 5 oder 10 Minuten. Dieses Limit müssen Sie unbedingt einhalten, was aber gar nicht so leicht ist. Wenn Ihnen beispielsweise 5 Minuten Redezeit zur Verfügung stehen und Sie bei der Generalprobe 4 Minuten und 50 Sekunden brauchen, dann können Sie sicher sein, dass Sie das Zeitlimit überschreiten werden, denn: die Live-Präsentation dauert etwa 10-15% länger als die Generalprobe. Sie können durch Zwischenfragen oder Störungen unterbrochen werden, manchmal müssen Sie warten bis Ruhe im Auditorium herrscht, ein anderes Mal müssen Sie eventuell einen Sachverhalt nochmals kurz zusammenfassen, weil Sie sich unklar ausgedrückt haben. Planen Sie daher mindestens einen Sicherheitspuffer von 10% der Redezeit ein.

- **Das richtige Thema**

Meistens gibt die FH ein Thema vor, das Sie präsentieren sollen. Die Vorbereitungszeit kann von zwei Wochen bis zu einer halben Stunde! betragen. Im letzten Fall müssen Sie die gesamte Präsentation in Windeseile vor Ort ausarbeiten. Wie das geht erfahren Sie später. Haben Sie freie Themenwahl, dann sollten Sie sich ein Thema aussuchen, dass a) zur Studienrichtung passt und das b) auf Interesse stößt. Beide Punkte sollten Sie unbedingt beachten. Wenn Sie sich für einen wirtschaftlichen Studiengang bewerben und dann ihr ganzes HTL-Wissen zum Thema „Aushärtungszeit von Beton" loswerden wollen, wird das wohl weniger gut ankommen.

Am besten ist, Sie suchen sich eines der Kernfächer des Studiengangs aus und wählen dazu ein aktuelles Thema. Wenn eine Brücke eingestürzt ist (Technik), die „Ars Electronica" wundervolle Neuheiten zeigt (Multimedia), der größte Buchhandelskonzern vor dem Aus steht (Wirtschaft) oder die Krankenkassen wieder einmal mehr Gebühren verlangen (Soziales), dann wählen Sie einfach diese Thematik. Anregungen zu Themen finden Sie in Rundfunk, Fernsehen, Zeitschriften und Zeitungen. Bereiten Sie das Thema mit Lösungsvorschlägen, Zukunftsaussichten, etc. auf und Sie stoßen sicher auf Interesse.

9.2 Informationspräsentationen

Bei den Informationspräsentationen können die Selbstpräsentation und die Informationspräsentation zu einem allgemeinen Thema unterschieden werden.

9.2.1 Selbstpräsentationen

„Erzählen Sie etwas über sich.", „Erzählen Sie eine Geschichte", „Stellen Sie sich kurz vor.",... Das alles sind Aufforderungen eine Selbstpräsentation zu halten. Ihre

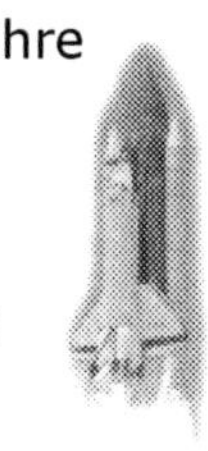

Selbstpräsentation ist vor allem im Bewerbungsgespräch von allergrößter Wichtigkeit, da Sie hier die einmalige Gelegenheit haben, sich durch eine perfekt vorbereitete Präsentation von den Mitbewerbern abzuheben. Eine Selbstpräsentation können Sie auch vor eine Präsentation zu einem anderen Thema stellen, um sich in aller Kürze vorzustellen. Bereiten Sie unbedingt eine Selbstpräsentation vor. Die Chance, dass Sie aufgefordert werden, so eine Präsentation zu halten, ist sehr groß.

Erzählen Sie etwas über sich!

Die Frage, die sich nun stellt ist die nach dem richtigen Aufbau der Selbstpräsentation. Das ist im Grunde genommen ganz einfach, hängt aber, wie bereits erwähnt davon ab, ob Sie die Selbstpräsentation im Zuge des Bewerbungsgesprächs halten, oder vor einer Präsentation zu einem anderen Thema.

Zunächst sei einmal auf die Selbstpräsentation im Zuge des Bewerbungsgesprächs eingegangen. Stellen Sie sich vor, sie sitzen dem Interviewer gegenüber und er sagt: „Erzählen Sie mir etwas über sich." Wenn Sie die folgende Selbstpräsentation lesen, werden Sie sehr schnell erkennen, wie man sie aufbaut.

Nun, zunächst einmal darf ich mich namentlich vorstellen. Mein Name ist Franz Mustermann, ich bin Absolvent der AHS Wien XXI und habe im Februar dieses Jahres mit gutem Erfolg maturiert. Beruflich habe ich bereits erste Erfahrungen bei der Fa. XY gemacht. Ich habe dort zwei Ferialpraktika absolviert – und zwar in den Jahren 2001 und 2002. Ich habe im

Verkaufsinnendienst gearbeitet und war in erster Linie für die Lieferterminvereinbarung und die Kundennachbetreuung zuständig. Die Arbeit dort hat mir sehr viel Spaß gemacht. Meine Ziele sind nach Absolvierung der Fachhochschule zunächst einmal 2-3 Jahre als Assistent eines internationalen Unternehmens im Bereich Marketing zu arbeiten. Am meisten interessiert mich dabei die Branche xy. Danach erwarte ich mir eine Managementposition mit herausfordernden Aufgaben. Das war das Wichtigste zu meinen Berufsvorstellungen. Nun vielleicht noch ein paar Worte zu mir privat. Ich wohne zusammen mit meiner Freundin in Wien, im XVI Bezirk in einem alten Gründerzeithaus mit einer wunderschönen Terrasse. Ich bin begeisterter Sportler und gehe daher gerne laufen und Volleyballspielen. Sehr gern bin ich auch in der Natur, vor allem im Wienerwald unterwegs. So, ich glaube das war jetzt das Wichtigste zu meiner Person, was möchten Sie denn noch gerne wissen?

Wie Sie sicher schon erkannt haben, ist es bei der Selbstpräsentation wichtig sowohl beruflich als auch privat von sich zu sprechen. Von besonderer Bedeutung ist das Anführen von Beispielen.

Bringen Sie Beispiele und Details!

Die Terrassenwohnung im XVI. Bezirk mag für Sie auf den ersten Blick vielleicht als ein unnötiges Detail erscheinen, aber gerade so ein Detail gibt Ihrer Präsentation die persönliche Note. Die Terrassenwohnung im XVI. Bezirk, die womöglich fast den ganzen Tag sonnendurchflutet ist, lässt ein Bild im

Kopf des Interviewers entstehen. Er wird sich Bilder leichter merken als abstrakte Beschreibungen (zum Beispiel nur: „Ich lebe in Wien"). Malen Sie Bilder im Kopf des Interviewers. Er wird Ihnen dann sicher seine volle Aufmerksamkeit schenken, weil ihn gerade die bildhaften Details interessieren. Sie machen die Präsentation dadurch für ihn interessant. Berufstätige beginnen natürlich nicht mit („Ich habe im Jahr xy maturiert", sondern: „Zur Zeit arbeite ich bei der Firma XY und habe dort diese und jene Aufgaben").

Wenn Sie eine Selbstpräsentation vor einer Präsentation mit einem anderen Thema halten sollen, dann sollten Sie nicht so ins Detail gehen, wie bei dem vorangegangenen Beispiel. Hier genügt ein kurzes Umreißen der Person.

„Sehr geehrte Damen und Herren! Liebe Mitbewerber und Mitbewerberinnen! Wie wichtig ist Karriere eigentlich? Wir alle haben uns schon darüber Gedanken gemacht und jeder hat andere Vorstellungen darüber. Im Rahmen meiner heutigen Präsentation möchte ich auf dieses interessante Thema eingehen. Zunächst darf ich mich aber kurz vorstellen. Mein Name ist Franz Mustermann und ich bewerbe mich am Studiengang xy. Ich habe im Februar dieses Jahres mit gutem Erfolg maturiert. Beruflich habe ich bereits erste Erfahrungen bei der Fa. XY gemacht. Ich habe dort zwei Ferialpraktika absolviert – und zwar in den Jahren 2001 und 2002. Meine Ziele sind nach Absolvierung der Fachhochschule zunächst einmal 2-3 Jahre als Assistent eines internationalen Unternehmens im Bereich Marketing zu arbeiten. Am meisten interessiert mich dabei die Branche xy. Danach erwarte ich mir eine Managementposition mit herausfordernden Aufgaben. Vielleicht noch etwas zu meinen Hobbys. Ich bin begeisterter

Sportler, laufe gerne und spiele mit Begeisterung Volleyball. So das war das Wichtigste zu meiner Person, kommen wir nun zum eigentlichen Thema: Karriere."

⏭ Kochrezept für die Selbstpräsentation

- **Namentliche Vorstellung**

- **Status quo (wo stehe ich jetzt beruflich)**

- **Ziele (wo will ich beruflich hin)**

- **Interessen/Hobbys**

(Alles mit Beispielen, Daten, Fakten untermauern. Dauer etwa eine Minute.)

9.2.2 Informationspräsentation zu einem beliebigen Thema

9.2.2.1 Die Vorbereitung

Wenn Sie eine Informationspräsentation vorbereiten wollen, dann folgen Sie am besten dem folgenden Kochrezept. Keine Angst! Auch wenn es auf den ersten Blick kompliziert aussieht, geht es ganz einfach und auch sehr rasch. Wenn Sie dieses „Kochrezept" mit drei bis vier verschiedenen Themen durchgespielt haben, dann werden Sie es schaffen, eine Präsentation in einer Vorbereitungszeit von nur 30 Minuten fix und fertig zu stellen – Overheadfolien inklusive. Verwenden Sie zur Vorbereitung das nachstehende Formblatt. Es wird Ihnen helfen.

Thema in Form einer Frage		
Teil 1	Teil 2	Teil 3
Stichwort Stichwort Stichwort ...	Stichwort Stichwort Stichwort ...	Stichwort Stichwort Stichwort ...
Résumé		

Formblatt

- **Themenwahl**

Wie schon erwähnt, bekommen Sie das Thema entweder vorgegeben, oder Sie suchen sich ein passendes Thema selbst aus. Packen Sie das Thema in eine griffige Frage. Beispielsweise: Wie wichtig ist Karriere eigentlich? Tragen Sie das Thema in Form der Frage ganz oben ins Formblatt ein.

- **Die Dreiteilung**

Überlegen Sie nun, in welche drei Hauptkapitel Sie Ihre Präsentation gliedern können und tragen Sie die drei Titel in das Formblatt ein. Folgendes Beispiel soll die Dreiteilung veranschaulichen. Ihr Thema lautet: Karriere. Sie können dieses Thema in die 3 Teile: 1. Was ist Karriere eigentlich? 2. Wie macht man Karriere? 3. Was sind die Vor- und Nachteile von Karriere? teilen. Diese Einteilung ist völlig willkürlich gewählt. Es gibt unzählige verschiedene Unterteilungsmöglichkeiten.

- **Das Brainstorming**

Nun überlegen Sie sich 5 bis 10 Punkte zu jedem der drei Teile, je nachdem wie lange die Präsentation dauern soll. Zu jedem dieser Unterpunkte sollten Sie dann etwa fünf bis zehn ganze Sätze sagen können. Führen Sie das Brainstorming für jeden Teil durch. Verwenden Sie dazu ebenfalls das Formular. Anschließend bringen Sie die Unterpunkte in jedem Teil in eine logische Reihenfolge. Sie können diese gleich auf dem Formular nummerieren. Versuchen Sie das Thema immer aus einer allgemeinen Sicht zu betrachten und werden Sie nicht zu persönlich. Nicht: „Wie mache ich Karriere?", sondern: „Wie macht man Karriere?"

- **Das Résumé**

Fassen Sie die Hauptaussage Ihrer Präsentation in ein bis zwei Sätzen zusammen. Versuchen Sie dabei die eingangs erwähnte Frage zu beantworten (Wie wichtig ist Karriere eigentlich). Hier darf auch ein wenig die eigene Meinung einfließen. Tragen Sie das Résumé in das Formblatt ein.

9.2.2.2 Die Präsentation selbst

- **Thema & Begrüßung**

Beginnen Sie (außer Sie werden implizit dazu aufgefordert) NICHT mit „Guten Tag, mein Name ist xy und ich präsentiere heute das Thema xy).

> **Guten Tag, mein Name ist...**

Wenn Sie so beginnen schläft schon das erste Drittel ihrer Zuhörer ein. Stellen Sie einfach zu Beginn die Frage Ihres Themas (die Frage aus dem Formblatt). Zum Beispiel: „Sehr geehrte Damen und Herren! Liebe Mitbewerber und Mitbewerberinnen! Wie wichtig ist Karriere eigentlich? Wir alle haben uns schon darüber Gedanken gemacht und jeder hat andere Vorstellungen darüber. Im Rahmen meiner heutigen Präsentation möchte ich auf dieses interessante Thema eingehen. Zunächst darf ich mich aber kurz vorstellen. Mein Name ist Franz Mustermann. „

Setzen Sie nun mit Ihrer vorbereiteten Selbstpräsentation fort (siehe Kapitel Selbstpräsentation). Sie können diese Selbstpräsentation auch ganz kurz halten. Geben Sie nur Ihren Namen an und erzählen Sie kurz darüber, was Sie zur Zeit machen.

- **Die Dreiteilung**

Nach der Selbstpräsentation setzen Sie mit dem eigentlichen Thema fort und nennen nochmals die Frage. „Nun aber zum eigentlichen Thema und damit zur Frage: Wie wichtig ist Karriere eigentlich? Um diese Frage zu beantworten, möchte ich drei wichtige Punkte besprechen." Nun nennen Sie die drei vorbereiteten Teile aus dem Formblatt. „Erstens: Was ist Karriere eigentlich? Zweitens: Wie macht man Karriere? Und drittens: Was sind die Vor- und Nachteile von Karriere?"

- **Kapitel 1 bis 3**

Beginnen wir gleich mit Punkt 1 – Was ist Karriere eigentlich?" Sagen Sie nun, was Sie zu diesem Kapitel zu sagen haben. Die nummerierten Schlagwörter auf dem Formblatt werden Ihnen dabei hilfreich sein.

„Gut, nun zum zweiten Punkt – Wie macht man Karriere?" Verfahren Sie ebenso wie mit Punkt 1

„Abschließend zum letzten Punkt – Was sind die Vor- und Nachteile von Karriere?" Verfahren Sie ebenso wie mit den Punkten 1 und 2.

- **Résumé**

„Nun zur Lösung meiner eingangs erwähnten Frage: Wie wichtig ist Karriere eigentlich?" Beantworten Sie die Frage nun mit den 1-2 Sätzen, die Sie sich zum Punkt Résumé ins Formblatt eingetragen haben.

- **Fragerunde**

Sagen Sie abschließend: „So, das war jetzt das Wichtigste zu meinem Thema. Vielen Dank für Ihre Aufmerksamkeit. Sollten

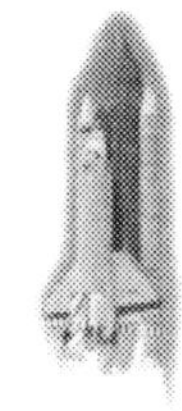

Sie noch Fragen haben, darf ich Sie ersuchen, diese nun zu stellen."

Achten Sie auf die Zeit, die Sie für Ihre Präsentation benötigen. War die Präsentation zu lange, dann kürzen Sie die Brainstorming-Gedanken in den einzelnen Kapiteln. Waren Sie zu schnell, dann sollten Sie mehr Punkte erwähnen. Schauen Sie, wie lange Sie nun brauchen. Tasten Sie sich so an die richtige Zeit heran. Nach ein paar Präsentationen bekommen Sie das richtige Gefühl für die Zeit. Sie wissen dann, dass Sie unabhängig vom Thema bei z.B. einer 5-Minuten-Präsentation mit 5 bis 6 Unterpunkten pro Kapitel zurechtkommen. Das hilft Ihnen dann bei der Präsentationsvorbereitung vor Ort.

9.3 Überzeugungspräsentation zu einem beliebigen Thema

Bei der Überzeugungspräsentation geht es nicht nur darum, die Zuhörer zu informieren, sondern sie auch emotional anzusprechen. Sie sollen am Schluss der Präsentation Ihrer Meinung sein und Ihrem Vorschlag oder Ihrer Idee zustimmen. Bei einer Überzeugungspräsentation darf kein Präsentationsfahrplan (die Ankündigung der Unterkapitel) bekannt gegeben werden, da er die Wirkung des Präsentationsaufbaus zerstören würde. Wenn Sie eine Überzeugungspräsentation halten sollen oder halten wollen, dann gehen Sie am besten nach folgenden Schritten vor:

- **Der Zwecksatz**

Der gut formulierte Zwecksatz ist das Um und das Auf der Überzeugungspräsentation. Der Zwecksatz sagt, was Sie eigentlich am Ende der Präsentation erreichen wollen. Zum Beispiel: Die Zuhörer sollen eine Unterschriftenliste gegen ein Projekt unterschreiben oder sie sollen am selben Tag mit einem Lauftraining beginnen, etc.

Halten Sie sich den Zwecksatz während der Arbeit an Ihrer Überzeugungspräsentation stets vor Augen. Am besten sie schreiben ihn auf einen Notizzettel, den Sie immer über dem Schreibtisch oder am Monitor anbringen. Sie müssen ständig überprüfen, ob Ihre Arbeit inhaltlich und emotional zum Zwecksatz passt.

- **Der Ist-Zustand – Einzelbeispiel**

Der Ist-Zustand ist zugleich der Beginn Ihrer Präsentation. Den Ist-Zustand leiten Sie am besten mit einem negativen Einzelbeispiel ein. Ein Einzelbeispiel wirkt immer konkret. Nehmen wir einmal an, Sie möchten darauf hinweisen, dass Bewegungsmangel äußerst ungesund ist und Ihr Zwecksatz lautet: „Die Zuhörer sollen noch am selben Tag mit einem Lauftraining beginnen." Ihr negatives Einzelbeispiel sollte dann ein Schreckensszenario malen. Etwa so: „12. Dezember 2002... Wilheminenspital in Wien... Pavillion 4... die Krebsstation... ich besuche den besten Freund meines Vaters, Max Mustermann,... er hat Darmkrebs,... der Chefarzt Dr. Saller ist sich sicher... der Freund meines Vaters hat zu wenig Bewegung gemacht... das hat den Krebs ausgelöst. Am 22. Dezember läutet das Telefon... 2 Tage vor Weihnachten... Max Mustermann ist tot.... [Pause].

Das Einzelbeispiel soll immer emotional aufrütteln. Zahlen, Fakten, Prozentgrößen und so weiter sind dazu vollkommen ungeeignet. Hier geht es immer um Einzelschicksale, um Einzelprobleme – Probleme die dir und mir passieren könnten. Wenn das Einzelbeispiel „eingewirkt“ ist, „schießen“ Sie eine Statistik nach, die dieses Einzelbeispiel untermauern soll.

- **Untermauerung des Einzelbeispiels – Statistik**

„85% der Berufstätigen machen zu wenig Bewegung. 73% aller Krebserkrankungen stehen in unmittelbarem Zusammenhang mit Bewegungsmangel. Das Besagt die Gesundheitsstudie-Österreich vom 27.Mai 2002.“ (Anm.: Zahlen frei erfunden)

- **Begrüßung**

„Das Thema betrifft offensichtlich viele von uns, meine Damen und Herren. Bevor ich fortfahre erlauben Sie, dass ich mich vorstelle. Mein Name ist xy, ich bewerbe mich für den Studiengang xy.“ Wichtig ist, dass Sie die Begrüßung bei der Überzeugungspräsentation wirklich auf Ihren Namen und ein bis zwei Zusatzinformationen reduzieren, sonst lenkt der Inhalt zu sehr vom eigentlichen Thema, das ja emotional eingeleitet wurde, ab und Sie bauen die Spannung wieder ab.

- **Negative These**

Jetzt stellen Sie eine These auf, die aus Ist-Zustand – Einzelbeispiel und der Statistik ableitbar ist. Zum Beispiel: „Wir sehen also, liebe Kolleginnen und Kollegen... die meisten von uns machen zu wenig Bewegung.“

- **Negative Folgen**

Nun überlegen Sie sich, welche negativen Folgen Ihre These hat. Führen Sie am besten drei Negativbeispiele an. „Durch unseren Bewegungsmangel erhöht sich erstens das Krebsrisiko, zweitens steigt die Neigung zu Depressionen und drittens wird unser Haltungsapparat geschädigt."

- **Die Problemlösung**

Hier müssen Sie den Zuhörern die Lösung für Ihr vorher erwähntes Problem geben. „Daher schlage ich vor, meine Damen und Herren: Nehmen Sie sich pro Tag 20 Minuten Zeit und joggen Sie.

- **Der Vorteil für die Zuhörer:**

Was haben die Zuhörer davon, wenn Sie Ihrer Problemlösung folgen? Das sollten Sie ihnen jetzt sagen. „Bereits bei einem täglichen Lauftraining von nur 20 Minuten sinkt das Risiko an Krebs zu erkranken um 78%. Die Depressionsneigung geht um 65% zurück und Schäden am Haltungsapparat können sogar um 89% reduziert werden."

- **Positive These**

Bringen Sie nun auf den Punkt, was aus der Problemlösung folgt. „Das heißt also: tägliches Laufen hält uns gesund."

- **Konkrete Handlung**

Nun fordern Sie das Auditorium zu einer konkreten Handlung auf. „Und daher appelliere ich an Sie als gesundheitsbewusste Menschen. Gehen Sie schon heute ins nächste Sportgeschäft.

Besorgen Sie sich ein paar Laufschuhe und beginnen Sie heute am Abend mit dem Laufen. Sie wissen ja – 20 Minuten täglich – für Ihre Gesundheit."

Achten Sie auch bei der Überzeugungspräsentation auf die Zeit, die Sie für Ihre Präsentation benötigen. War die Präsentation zu lange, dann kürzen Sie die Inhalt. Waren Sie zu schnell, dann erweitern Sie ihn. Schauen Sie wie lange Sie nun brauchen. Tasten Sie sich so an die richtige Zeit heran. Nach ein paar Präsentationen bekommen Sie das Gefühl für die richtige Zeit.

9.4 Präsentationsmedien

Präsentationsmedien sind Overheadprojektor, Flip-Chart, Datenprojektor, Diaprojektor, Whiteboard, und so weiter. Bei Aufnahmeverfahren an Fachhochschulen kommen in erster Linie Overheadprojektoren und Flip-Charts zum Einsatz. Der Datenprojektor beginnt erst ganz langsam in die Aufnahmeverfahren Einzug zu finden. Alle Präsentationsmedien haben eines gemeinsam. Sie dienen der Visualisierung des gesagten. Das nächste Kapitel beschäftigt sich sehr ausführlich mit diesem Thema.

9.5 Visualisierung

9.5.1 Grundlagen der Visualisierung

Unter Visualisierung versteht man den Transport von Informationen mit graphischen Darstellungen. Dies ist vor allem deshalb so wichtig, weil wir 75% aller Informationen über das Sehen aufnehmen und nur 15% über das Hören.

Informationsaufnahme über Augen: 75%

Beim Visualisieren müssen Sie sich aber auf das Wesentliche beschränken. Die graphische Botschaft muss einfach, kurz und prägnant sein. Die Visualisierung hat zwei große Vorteile: Erstens macht sie das, was Sie präsentieren viel begreifbarer und aufregender als eine rein mündliche Präsentation, und zweitens – und dieser Vorteil ist ganz wichtig – haben Sie selbst durch die Visualisierung immer einen Schummelzettel an der Projektionswand. Dieser Schummelzettel hilft Ihnen immer dann, wenn Sie einmal nicht mehr weiter wissen. Er führt Sie Schritt für Schritt durch Ihre eigene Präsentation.

Zwei wichtige Grundregeln sollten Sie allerdings bei der Ausarbeitung Ihrer Flip-Charts/Overheadfolien unbedingt einhalten:

- **Minimale Folienanzahl = Präsentationszeit in Minuten /3**
- **Maximale Folienanzahl = Präsentationszeit in Minuten/2**

Je kürzer die Präsentationszeit, desto eher sollten Sie sich an der erlaubten Maximalfolienanzahl orientieren. Für eine fünfminütige Präsentation sollten Sie demnach (gerundet) 3 Folien einsetzen. Verwenden Sie weniger Folien, langweilen sich Ihre Zuhörer. Bauen Sie mehr als die empfohlene Folienzahl in Ihre Präsentation ein, erzeugen Sie sofort eine Reizüberflutung – das Publikum ist überfordert.

Welche Visualisierungsmöglichkeiten Ihnen offen stehen, sehen Sie auf den folgenden Seiten.

9.5.2 Bullet-Charts

Die einfachste Form der Foliengestaltung (wobei sich das Wort Folien nicht nur auf Overheadfolien beschränkt, sondern auch Computerpräsentationen mit einschließt) sind Bullet-Charts. Sie bestehen aus Aufzählungszeichen (Punkte, Pfeile, Striche, etc.) vor jeder Zeile und aus ein paar Schlagwörtern daneben. Bullet Charts werden recht häufig eingesetzt, weil sie schnell produzierbar sind. Allerdings wirken sie nicht sonderlich kreativ und gelten als eine Art „Minimalform" der Visualisierung.

Tipp: pro Seite maximal 25 Schlagwörter!

9.5.3 Tabellen

Tabellen sind schon etwas schwieriger zu gestalten als Bullet-Charts, weil hier leicht die Übersichtlichkeit verloren geht. Die Zuhörer werden mit einem „Berg von Zahlen" überschüttet, wenn Sie die Tabellen falsch gestalten. Hier müssen Sie das Wesentliche vom Unwesentlichen unterscheiden und dürfen nur das Wesentliche präsentieren. Überlegen Sie, ob Sie die Kommastellen wirklich anführen müssen, oder ob es nicht vielleicht sogar ausreicht, die Zahlen auf ganze 100-er oder 1000-er aufzurunden. Je kleiner die Zahl und je weniger Kommastellen, desto leichter und angenehmer ist sie zu verarbeiten. Statt 7.358.667 sollten Sie zum Beispiel 7,4 Millionen schreiben.

⏭ **Tipp: Nicht mehr als 4 Zeilen und 5 Spalten!**

9.5.4 Diagramme

9.5.4.1 Grundlagen und Gestaltung

Welchen Grundtyp der Diagramme Sie wählen sollten, hängt von der Art der Informationen ab. In der Folge finden Sie eine Übersicht über die wichtigsten Diagrammtypen. Jedes Diagramm braucht eine Überschrift, eine Achsenbeschriftung und eine Beschriftung der unterschiedlichen Einheiten, die verglichen werden.

9.5.4.2 Kreis- oder Tortendiagramm

Das Kreis- oder Tortendiagramm eignet sich hervorragend zur Darstellung von Anteilen (zum Beispiel: Marktanteil, Anteil der Leute die Schokolade essen, etc.).

⏭ **Tipp: Nicht mehr als 5 Sektoren pro Kreis**

9.5.4.3 Balkendiagramm

Das Balkendiagramm ist neben dem Säulendiagramm die beste Möglichkeit Unterschiede einzelner Werte gut vergleichbar darzustellen. (zum Beispiel: Umsatz von 5 verschiedenen Firmen, Gehalt von 3 Kollegen, etc.)

Tipp: Nicht mehr als 5 Balken übereinander!

9.5.4.4 Säulendiagramm

Das Säulendiagramm hat die gleichen Eigenschaften wie das Balkendiagramm. Durch seine Vertikalausrichtung kann es auch zur Trenddarstellung verwendet werden. (zum Beispiel: Umsatz in den Jahren 1999, 2000, 2001, 2002,...)

Tipp: Nicht mehr als 5 Säulen nebeneinander!

9.5.4.5 Blockdiagramm

Das Blockdiagramm zeigt sehr gut Anteilsveränderungen im Zeitverlauf. Allerdings brauchen Sie einige Erfahrung, um ein Blockdiagramm richtig aufzubauen, weil es schon bei kleinen Fehlern sehr schnell zu Verwirrungen unter den Zuhörern kommen kann. Für Aufnahmepräsentationen ist das Blockdiagramm eher ungeeignet. Trotzdem ist im Anschluss ein Beispiel angeführt

Tipp: Nicht verwenden!

9.5.4.6 Liniendiagramm

Das Liniendiagramm ist die klassische Möglichkeit Trends darzustellen (Börsenkurse, Umsatzentwicklungen, Niederschlagsmengen, etc.) Es ist leicht verständlich und auch leicht zu erstellen.

> **Tipp: Nicht mehr als 3 Linien**

9.5.4.7 Dreidimensionale Diagramme

Vom Einsatz dreidimensionaler Diagramme ist abzuraten, da sie zwar gut aussehen, die Realität jedoch häufig verfälscht abbilden. (Durch Achsenverzerrungen kommt es zu optischen Anteilsverfälschungen).

9.5.5 Strukturbilder

Strukturbilder eignen sich hervorragend zur Darstellung von Hierarchien, Abhängigkeiten, Untergliederungen, etc. Sie bestehen immer aus einem beschrifteten geometrischen Element (Rechteck, Kreis,...) und Verbindungslinien zwischen den Elementen. Wichtig ist es hier wieder, das Wesentliche vom Unwesentlichen zu unterscheiden.

Bullet Chart

- Aussage 1
- Aussage 2
- Aussage 3
- Aussage 4
- Aussage 5
- Aussage 6

Bullet-Chart

Verkäuferumsatz in Euro

Name \ Region	**Europa**	**Asien**	**Amerika**
Müller	22.000	11.000	13.500
Huber	18.400	14.000	7.300

Tabelle

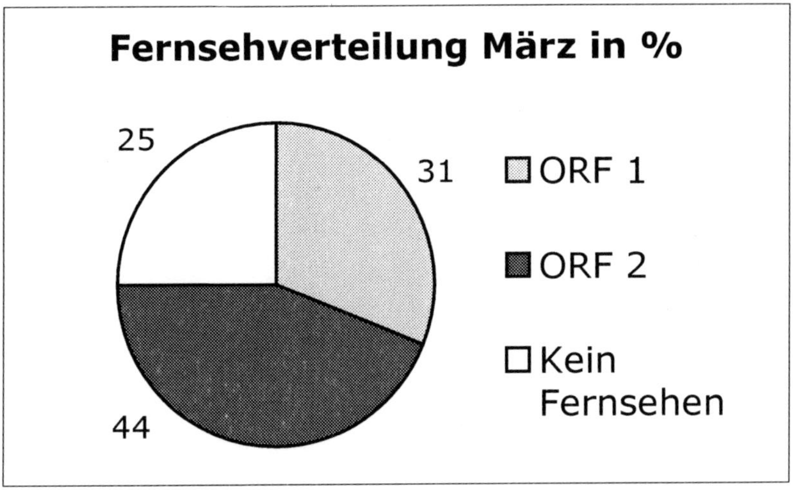

Kreisdiagramm

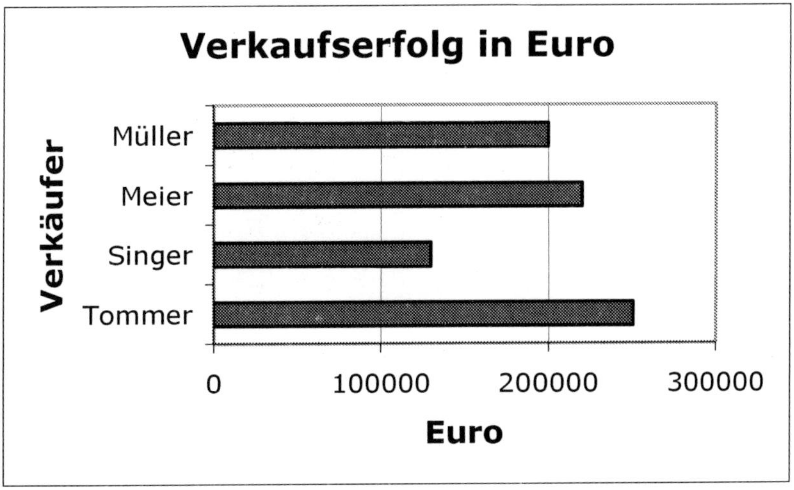

Balkendiagramm

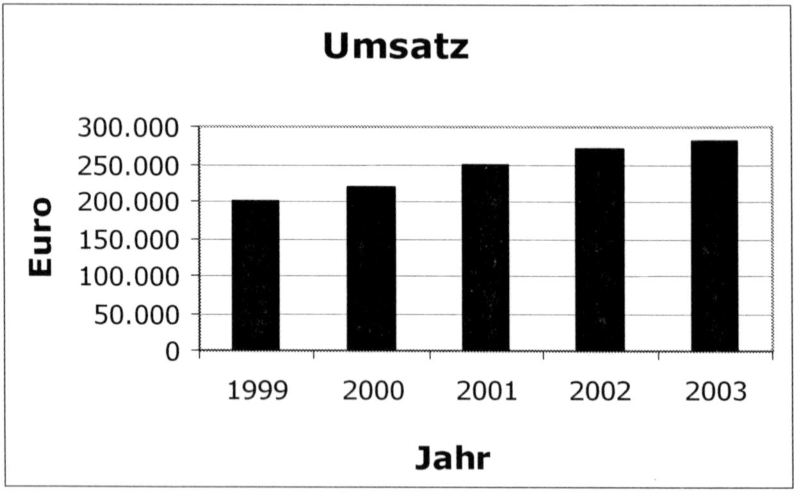

Säulendiagramm

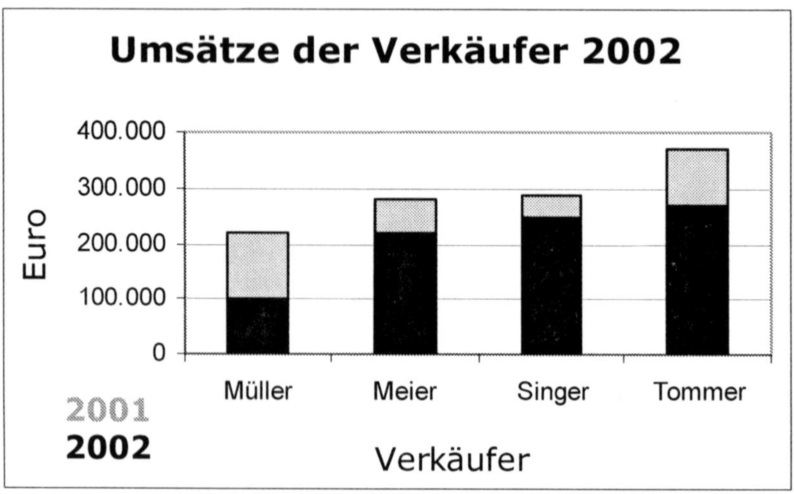

Blockdiagramm

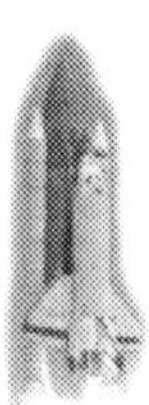

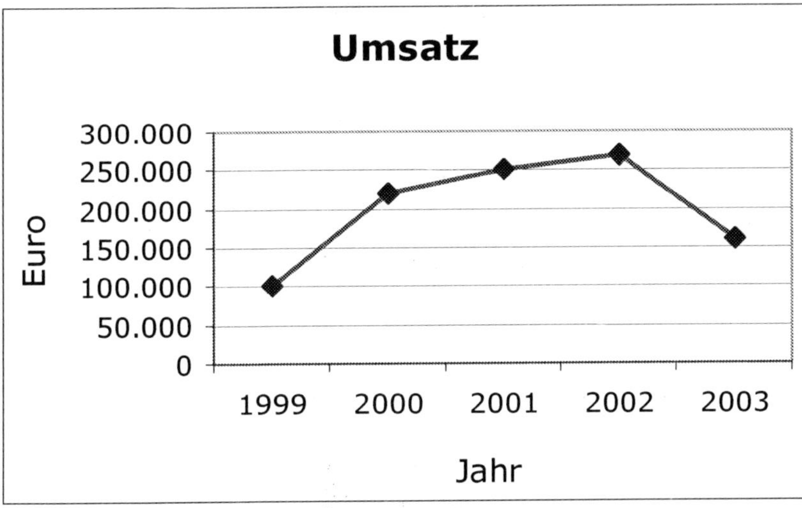

Liniendiagramm

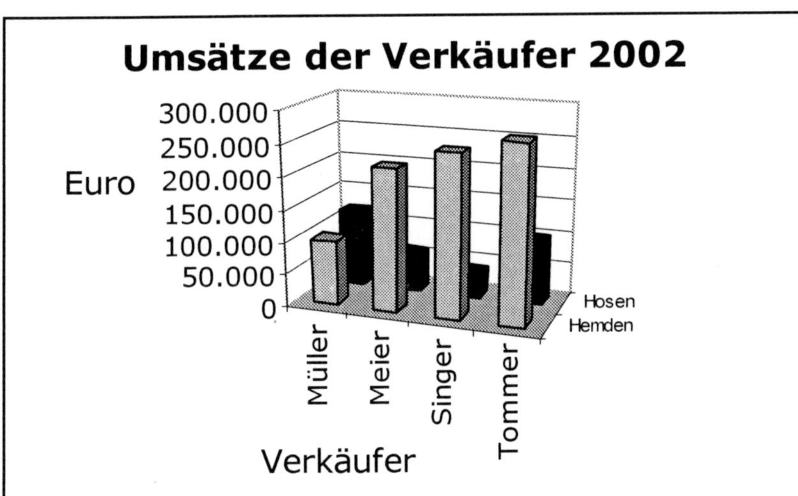

3D-Diagramm

Firma Schuh AG

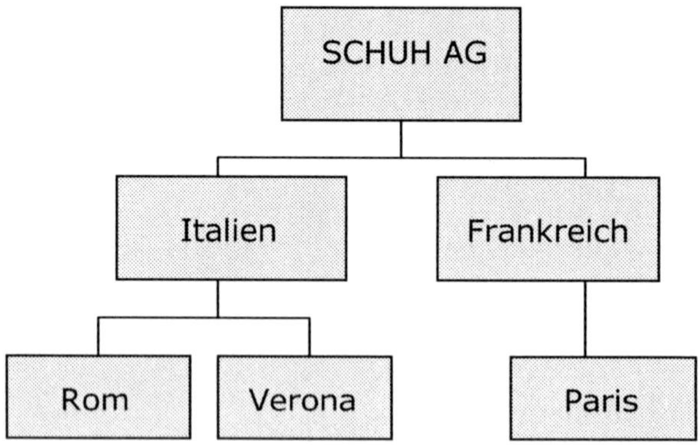

Strukturbild

9.5.6 Komplexe graphische Gestaltungen

Komplexe graphische Gestaltungen sind entgegen der Vermutung nicht schwer, sondern leicht zu verstehen. Sie schaffen schon in sich selbst eine Logik und unterstützen so die Wahrnehmung durch die Zuhörer. Sie sind sehr aufwendig zu entwickeln und können nur bei ausreichender Vorbereitungszeit sinnvoll ausgeführt werden. Es bedarf einiger Übung komplexe graphische Gestaltungen auf das Wesentliche zu reduzieren.

9.6 Die richtige Foliengestaltung

Bei der Foliengestaltung treten sofort einige grundlegende Fragen auf.

9.6.1 Welche Schrift soll ich wählen?

Je geradliniger die Schrift, desto besser. Verschnörkelte Schriftarten wirken beim Lesen sehr störend. Wenn Sie die Folien handschriftlich gestalten, dann verwenden Sie unbedingt Blockschrift.

ARIAL

Gut lesbare Schrift

Script

Schlecht lesbare Schrift

9.6.2 Wieviel Schriftarten darf ich auf einer Folie verwenden?

Verwenden Sie immer nur eine Schriftart, sonst sieht die Folie aus wie eine Erlebniszeichnung aus dem Kindergarten. Fett- und Kursivstellungen sowie unterschiedliche Schriftgrößen sind nur Varianten einer Schriftart und können bedenkenlos eingesetzt werden, solange alles übersichtlich und klar strukturiert bleibt.

Im folgenden linken Kasten wurde nur eine Schriftart verwendet. Im rechten vier verschiedene. Überzeugen Sie sich selbst vom Unterschied.

Überschrift	**Überschrift**
Unterüberschrift	Unterüberschrift
Textkörper	Textkörper
Hervorhebungen	**Hervorhebungen**
Eine Schriftart	**Vier Schriftarten**

9.6.3 Wie groß muss die Schrift sein, damit sie noch gut gelesen werden kann?

Das hängt einzig und allein vom Raum ab, in dem Sie präsentieren sollen. Je größer der Raum ist, desto größer müssen Sie auch Ihre Schriftart wählen.

Folie aus 1,7 Meter Abstand lesbar?

Als Grundregel können Sie jedoch annehmen, dass die Folie in der Realität dann gut zu lesen ist, wenn Sie die A4-Folie ohne sie an die Wand zu projizieren noch aus ca. 1,7 Meter Entfernung mit freiem Auge gut lesen können. Drucken Sie die Folie auf ein A4-Blatt aus, hängen Sie es an die Wand, gehen Sie 1,7 Meter zurück und schauen Sie, ob alles gut lesbar ist. Wenn nicht, müssen Sie die Schrift größer machen.

9.6.4 Welche Farben soll ich verwenden?

Verwenden Sie niemals mehr als 3 Farben pro Folie. Eine Farbe für den Hintergrund, eine für die Überschrift und eine für den Textkörper sind mehr als genug und nicht einmal das ist immer notwendig. Eine farblich überladene Folie wirkt unruhig, unlogisch und ist schwer zu lesen. Wenn Sie sich für den Einsatz farbiger Folien entscheiden, müssen Sie auf ein paar Dinge achten. Die Farben die Sie daheim auf Ihrem Bildschirm sehen entsprechen nur selten den Farben, die Ihr Drucker aufs Papier bringt. Es kann dabei zu großen Farbunterschieden kommen. Vor allem bei Computerpräsentationen über Datenprojektoren kann Ihnen das zum Verhängnis werden.

Wenn Sie eine Computerpräsentation vorbereiten, dann sollten Sie in der Lage sein, die Farbgestaltung kurzfristig vor Ort zu ändern. (In Microsoft Powerpoint funktioniert das ganz einfach über den Folienmaster). Verwenden Sie Farbfolien, dann machen Sie sich sicherheitshalber einen zweiten Foliensatz in schwarz/weiß. Besonders bei älteren, lichtschwachen Overheadprojektoren kann es beim projizierten Bild zu massiven Farbabweichungen kommen. Schwarz/weiß-Folien sind immer gut lesbar.

Die verwendete Schriftfarbe hängt natürlich auch von der Hintergrundfarbe ab. Es soll immer ein starker Kontrast zwischen Schriftfarbe und Hintergrundfarbe bestehen. Schwarze oder dunkelgraue Schrift auf weißem Grund ist beispielsweise gut lesbar, gelbe Schrift auf weißem Grund oder dunkelblaue Schrift auf schwarzem Grund hingegen überhaupt nicht. Meiden Sie auch zu kräftige Hintergrundfarben. Vor allem Dunkelblau, kräftiges Rot und kräftiges Grün sind als Hintergrundfarbe ungeeignet, weil die Gefahr besteht, dass das projizierte Bild zu „schwimmen" beginnt, also unscharf ist.

9.6.5 Soll der Hintergrund einfärbig, gemustert oder ein Bild sein?

Mit einem einfärbigen Hintergrund liegen Sie, so die Farbe richtig gewählt wurde, nie falsch. Vom Einsatz von Mustern (Geflechte, Streifen, Linien, etc.) ist unbedingt abzuraten, da Sie beim Betrachter einen störenden Eindruck hinterlassen. Das Lesen gemusterter Folien ist sehr anstrengend. Also: Hände weg davon!

Damit Sie sich von Ihren Mitbewerbern ein wenig abheben, können Sie auch Bilder als Folienhintergrund wählen. Sie müssen aber aufpassen, dass das verwendete Bild sehr hell ist, da sonst die Gefahr besteht, dass die darüber liegende Schrift nicht mehr erkennbar ist. Die Helligkeit Ihres Hintergrundbildes können Sie mit allen gängigen Grafikbearbeitungsprogrammen selbst bestimmen.

9.6.6 Darf jede Folie anders gestaltet sein?

Die Antwort auf diese Frage ist ein eindeutiges Nein! Sie sollten in Ihrer Foliengestaltung unbedingt einen roten Faden einbauen. Das lässt sich am besten mit gleichen Layoutelementen machen. Es ist vorteilhaft, die Grundstruktur aller Folien gleich zu halten. Überschriften, Textkörper und Folienrahmen sollten immer das gleiche Erscheinungsbild haben. Damit helfen Sie Ihren Zuhörern, eine hierarchische Logik in Ihren Folien zu erkennen.

9.6.7 Wie vorteilhaft ist es, Clip-Arts in die Präsentation einzubauen?

Zuerst einmal müssen Sie sich überlegen, ob Sie lieber Fotos oder Clip-Arts verwenden wollen. Haben Sie sich einmal entschieden, dann müssen Sie bei Ihrer Entscheidung bleiben. Mischen Sie die verschiedenen Formen nicht untereinander. Wenn Sie die Aussage der Folie mit Clip-Arts unterstreichen wollen, ist das grundsätzlich ein interessanter Ansatz, sofern die Clip-Arts zu Ihren Aussagen passen und alle Clip-Arts konsistent sind (aus einer Bibliothek). Zu warnen ist vor dem Einsatz von Clip-Arts aus dem Windows-Standardpaket. Die kennt nämlich schon jeder und das zerstört den exklusiven

Charakter, den Ihre Präsentation ausstrahlen soll. Schöne Clip-Art Bibliotheken bekommen Sie in der Regel für wenig Geld im Fachhandel.

Standard-Clip-Arts nicht verwenden!

9.7 Der richtige Medieneinsatz

9.7.1 Overheadprojektor

9.7.1.1 Häufige Fehler beim Einsatz von Overheadprojektoren

- **Vor dem Bild stehen**

Sie stehen vor dem Overheadprojektor und vor dem Bild. Die Zuhörer können das auf die Wand projizierte Bild nicht lesen.

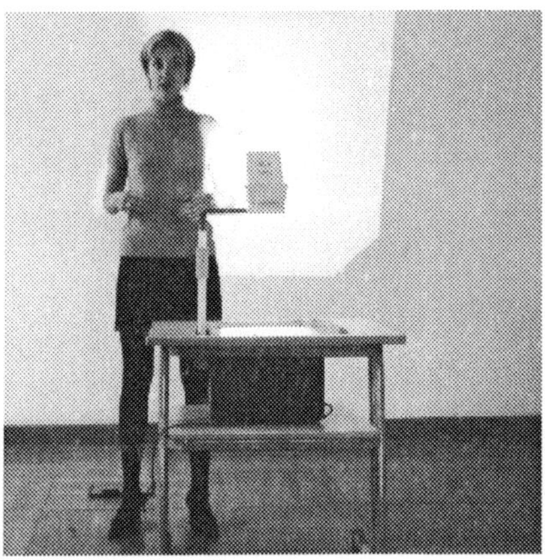

So bitte nicht!

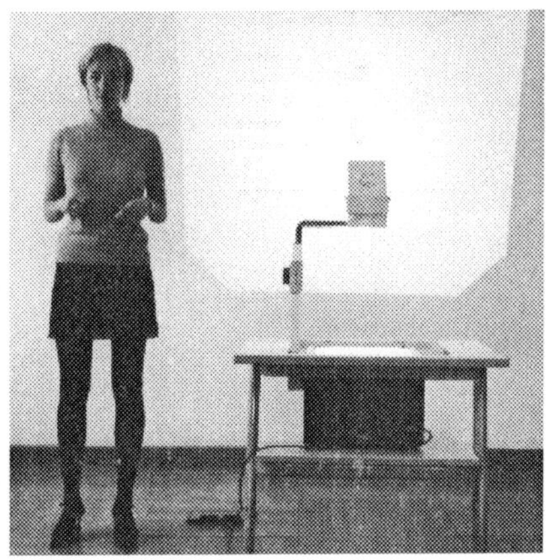

So ist es richtig!

- **Mit dem Finger auf die Folie zeigen**

Viele machen den großen Fehler, mit dem Finger auf die Folie zu zeigen. Das hat viele Nachteile. Erstens sind Die Finger relativ groß und so kann es leicht passieren, dass Sie gleichzeitig auf zwei Zeilen, Punkte, etc. zeigen, wenn diese eng übereinander stehen. Zweitens sind die Finger während der Präsentation wegen der Aufregung meist zittrig. Der Overheadprojektor vergrößert nicht nur die Folie auf ein Vielfaches ihrer Originalgröße, auch die Zitterbewegungen Ihrer Finger werden vergrößert. Zitternde Finger implizieren sofort Aufregung und damit Unsicherheit.

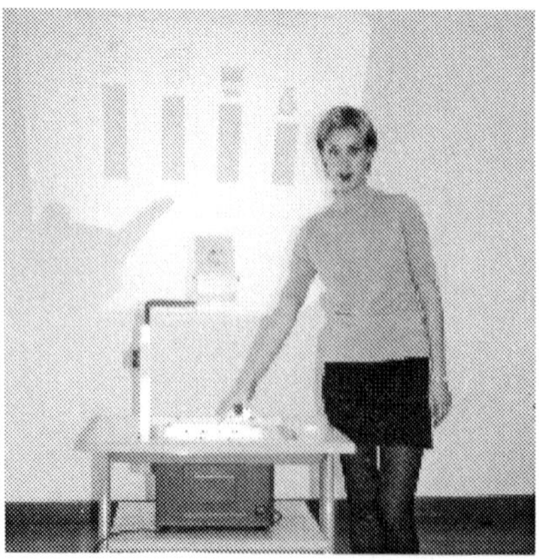

So soll es nicht sein! Wenn Ihre Hand ein wenig wackelt, dann wackelt sie auch ganz stark hinten auf der Projektionsfläche. Der Overheadprojektor vergrößert alles! Verwenden Sie besser einen Präsentationszeiger!

Der „Zeige-Finger"

- **Chaos beim Folienwechsel**

Wenn Sie Ihre Folien wechseln, huschen Ihre Hände und die Folien über die Projektionsfläche. So soll es nicht sein. Bringen Sie daher immer eine Systematik in Ihren Folienwechsel. Fassen Sie zuerst die alte Folie am Rand, ziehen Sie diese rasch weg und legen Sie die Folie auf einen Stapel mit bereits gezeigten Folien. Nehmen Sie die neue Folie vom Stapel der noch nicht gezeigten Folien und legen Sie diese rasch auf den Projektor – und zwar gerade. Wenn Sie Stapel für gezeigte und nicht gezeigte Folien verwenden, kann es Ihnen kaum passieren, dass Sie eine bereits gezeigte Folie nochmals auflegen.

- **Folie steht am Kopf oder ist seitenverkehrt**

Sie legen die nächste Folie auf, setzen mit dem ersten Satz an und sehen bereits einen Zuhörer verschmitzt lächeln. Sie haben die Folie verkehrt herum aufgelegt. Dieses Missgeschick passiert ungeübten Präsentatoren fast bei jeder Präsentation. Dabei ist alles so einfach. Wenn Sie zwischen Overheadprojektor und Projektionsfläche stehen, müssen Sie die Folie so auf den Projektor legen, dass Sie von Ihnen ganz normal gelesen werden kann. Dann wird auch das Bild richtig an die Wand projiziert.

- **Kein Bezug zur Folie – fehlende Blickführung**

Oft werden die Folien lieblos aufgelegt. Sie werden nur nebenbei gezeigt und der Redner konzentriert sich vorrangig auf seinen Text. Das ist grundfalsch. Sie müssen Ihre Zuhörer ständig zwingen, die Folie zu betrachten, denn nur wenn sie lesen und hören worum es geht, werden Sie sich den Inhalt Ihrer Präsentation merken. Im folgenden Kapitel lernen Sie zwei Möglichkeiten kennen, wie Sie die Blicke der Zuhörer richtig lenken können.

9.7.1.2 Die richtige Blickführung

- **Möglichkeit 1 – Blickführung am Projektor**

Wenn Sie diese Variante wählen, verwenden Sie einen Präsentationszeiger. Das ist ein flacher Gegenstand mit einer

Spitze, der direkt auf der Folie liegt und den Sie stets bei jenen Punkten platzieren, über die Sie gerade sprechen. Sie stehen aus Sicht Ihrer Zuhörer seitlich rechts vom Overheadprojektor – und zwar so, dass das gesamte Projektionsbild für das Auditorium freigegeben ist. Den Präsentationszeiger steuern Sie punktgenau über die Folie und verweisen damit auf jene Punkte, auf die Sie Aufmerksamkeit lenken wollen. Sie sollten immer zuerst den Präsentationszeiger bewegen und erst danach sprechen, sonst hat das ganze keinen Sinn. Einen Präsentationszeiger können Sie sich selbst aus Karton basteln. Es gibt diese Gegenstände jedoch auch im gut sortierten Fachhandel zu kaufen. Verwenden Sie bitte keine Kugelschreiber. Die beginnen nämlich oft ganz unvermutet wegzurollen.

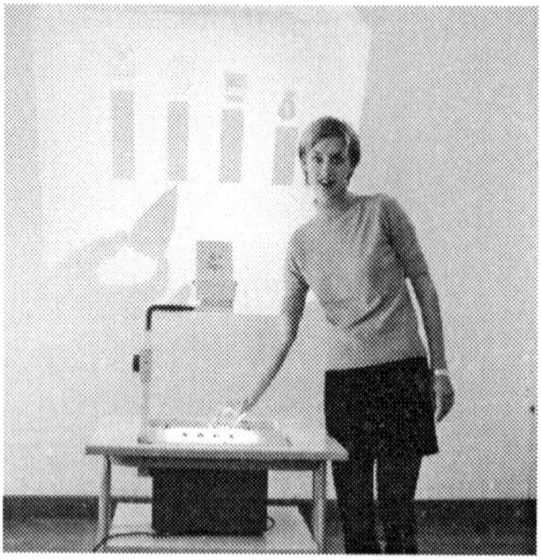

Zuerst zeigen

Dann sprechen

- **Möglichkeit 2 – Blickführung an der Projektionswand**

Wesentlich professioneller, aber auch schwieriger ist die Blickführung an der Projektionswand. Sie stehen dazu zunächst aus Sicht des Publikums links neben dem Overheadprojektor. Wenn Sie die neue Folie aufgelegt haben, gehen Sie ein paar Schritte zurück zur Projektionswand. Dabei dürfen Sie den Zuhörern aber nie den Rücken zudrehen. Sie müssen also rückwärts gehen und dabei natürlich auf Kabeln, Bodenunebenheiten, etc. achten. Sie stehen nun links von der Projektionswand und schauen auf diese (das Publikum sieht Ihr Profil). Sie lesen den Inhalt des ersten Punktes der Folie leise für sich und merken sich diesen. Nun zeigen Sie mit der linken Handfläche (Handrücken in Richtung der Zuhörer) auf die erste Zeile Ihrer Folie. Die Hand bleibt dort ruhig liegen. Jetzt drehen Sie Ihren Kopf zu den Zuhörern und beginnen über den ersten Punkt zu sprechen. Nach ein paar Sekunden nehmen Sie die Hand von der Wand und haben sie somit zum Gestikulieren frei. Bitte beachten Sie, dass Sie erst zu sprechen beginnen, wenn Sie ins Publikum schauen und reden Sie nicht gegen die Wand. So gehen Sie die Folie Punkt für Punkt durch. Ist die Folie vollständig besprochen, gehen Sie nach vorn zum Overheadprojektor, wechseln die Folie und beginnen das ganze wieder von vorn.

Was hier unheimlich kompliziert klingt, ist nach einiger Übungszeit ganz einfach. Diese Methode erlaubt Ihnen die Blicke Ihrer Zuhörer gezielt zu lenken. Das steigert die Effizienz Ihrer Präsentation, weil das Publikum gedanklich genau dort ist, wo Sie es haben wollen. Die nachstehenden Fotos zeigen Ihnen den eben erklärten Ablauf Punkt für Punkt.

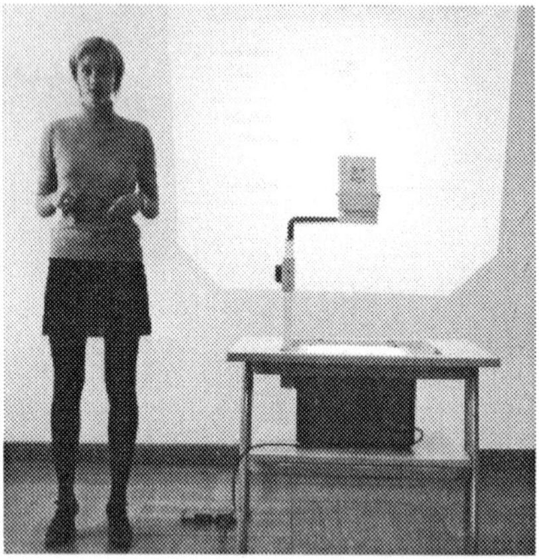

Sie stehen aus Sicht des Auditoriums links vom Overheadprojektor. Die erste Folie haben Sie bereits aufgelegt. Das gesamte Präsentationsbild ist freigegeben – Sie stehen also neben und nicht vor dem Bild. Jetzt warten Sie bis alle ruhig sind, und dann geht es schon los.

1. Die Grundposition

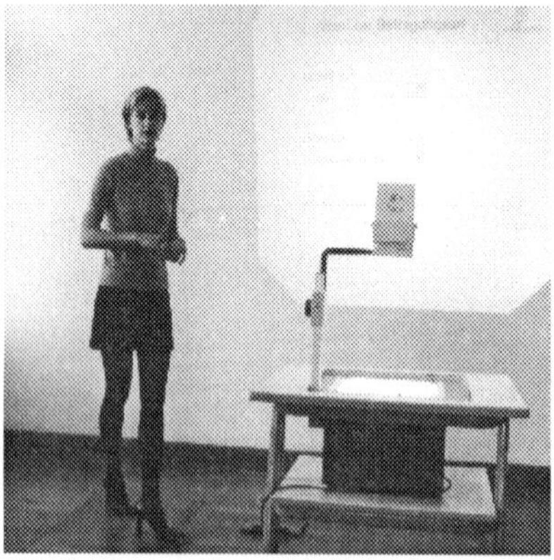

Nach der Einleitung gehen Sie leicht seitlich rückwärts zur Projektionswand. Dabei drehen Sie Ihren Zuhörern niemals den Rücken zu. Geben Sie darauf acht, dass keine Kabeln, Schachteln, etc. im Weg liegen. Die sollten Sie vorher wegräumen, sonst besteht Stolpergefahr.

2. Rückwärts gehen

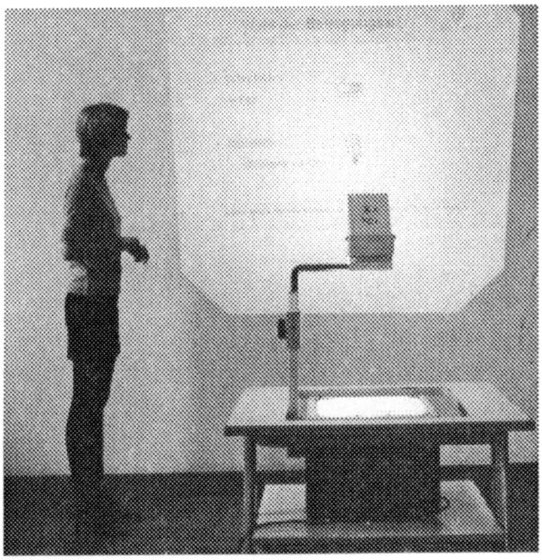

Sie stehen nun hinten an der Projektionswand und drehen sich seitlich so, dass das Auditorium Ihr Profil sehen kann. Nun lesen Sie den ersten Punkt beziehungsweise die erste Zeile der Folie leise und merken sich den Inhalt.

3. Seitlich drehen und lesen

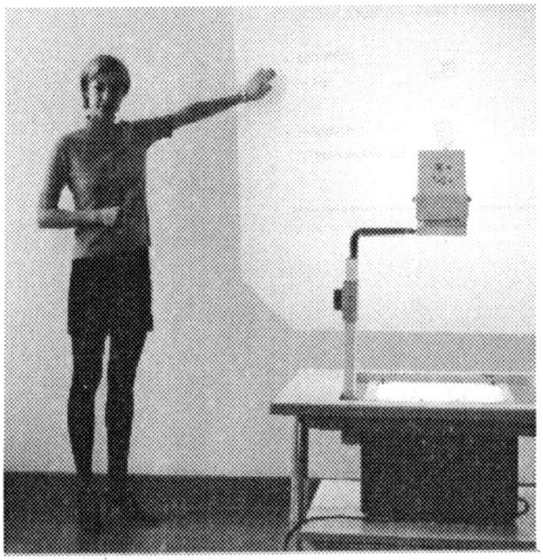

Nun zeigen Sie mit der ganzen Hand – Handrücken zeigt zu den Zuhörern – auf die erste Zeile oder den ersten Punkt, den Sie besprechen wollen und den Sie gerade gelesen haben. Wenn das Gesicht beim Publikum ist, beginnen Sie zu sprechen.

4. Hinzeigen und zum Publikum drehen

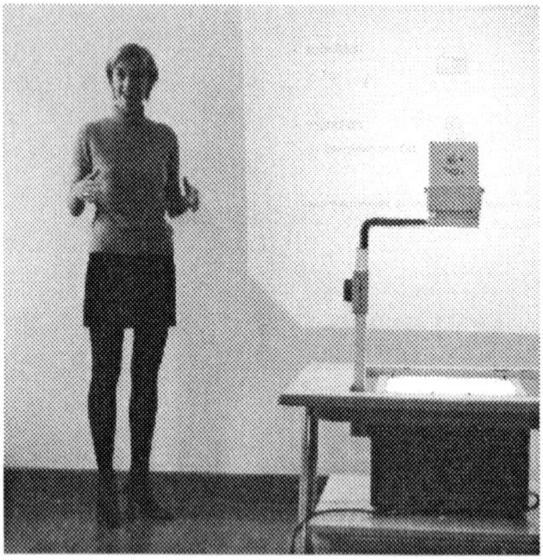

5. Frei sprechen

Nachdem Sie nach ein paar Sekunden die Hand von der Wand genommen haben, sagen Sie alles, was Sie zu dem Punkt zu sagen haben. Wenn Sie alles zu Punkt 1 gesagt haben, beginnen Sie wieder bei Schritt 3 (seitlich drehen und lesen).

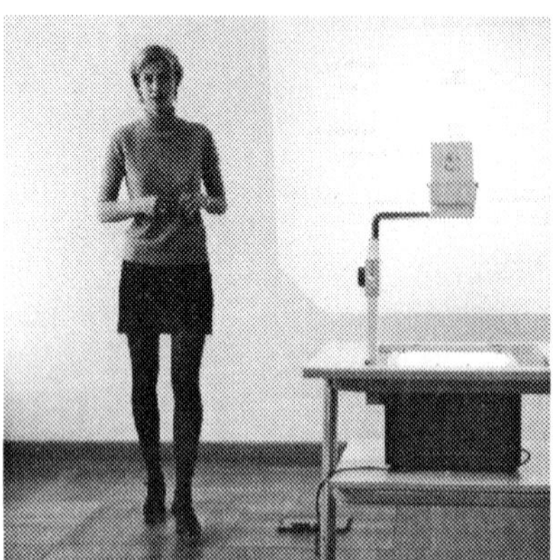

6. Vorwärts gehen

Nachdem Sie die gesamte Folie fertig durch besprochen haben, gehen Sie wieder zum Overheadprojektor um Ihre neue Folie aufzulegen.

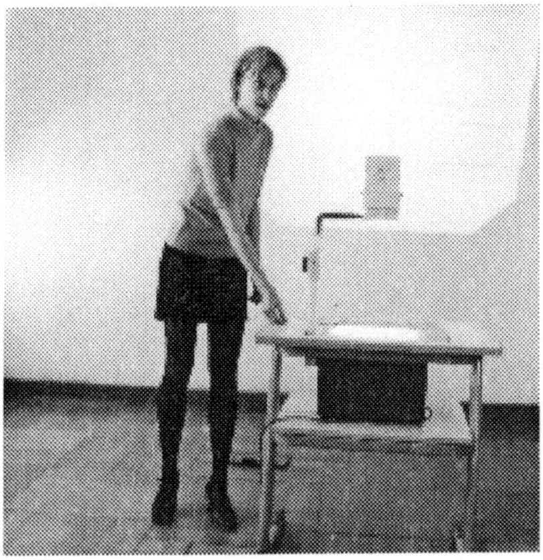

Nun nehmen Sie die alte Folie vom Overheadprojektor, legen sie auf den Stapel mit den bereits gezeigten Folien, nehmen eine neue Folie vom Stapel der noch nicht gezeigten Folien und legen diese auf den Overheadprojektor.

7. Folienwechsel

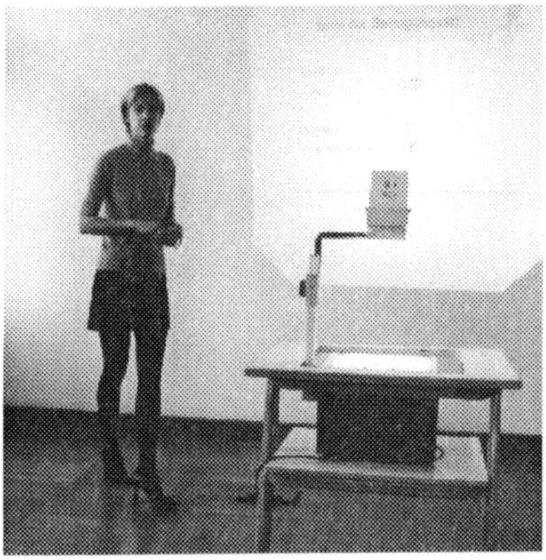

Eigentlich ist das nicht Schritt 8 sondern wieder Schritt 2. Sie setzen also bei Schritt 2 fort und wiederholen die Schritte 2-7 so lange, bis Sie alle Folien gezeigt haben und Ihre Präsentation beendet ist.

8. Rückwärts gehen

9.7.2 Datenprojektor

Bei der Verwendung von Computern in Verbindung mit einem Datenprojektor können Sie natürlich keinen Präsentationszeiger einsetzen, weil das Bild direkt vom Projektor auf die Wand projiziert wird. Als Blickführungstechnik bleibt Ihnen nur die bereits beschriebene Möglichkeit der Blickführung an der Projektionswand.

Wichtig ist, dass Sie den Computer auch wirklich gut beherrschen und ihn stets unter Kontrolle haben. Wenn Sie unabsichtlich eine Folie weiterklicken, müssen Sie wissen, wie Sie wieder zur ursprünglichen Folie zurückkommen, etc.

Eine große Tücke der Präsentation mittels Computer und Datenprojektor liegt in der Inkompatibilität verschiedener Hersteller. Es kann Ihnen passieren, dass Ihr Laptop trotz aller Normen nicht mit dem Projektor kompatibel ist und Ihnen zum Beispiel das halbe Bild abschneidet. Erstellen Sie daher stets sicherheitshalber einen Satz Folien für den Overheadprojektor.

9.7.3 Flip-Chart

Das Flip-Chart eignet sich hervorragend als Zusatzmedium bei Präsentationen. Sie können hier sehr schön einfache Grafiken zeichnen, Schlagwörter und Fragen notieren, oder ganz einfach Ihren Präsentationsfahrplan aufschreiben. Allerdings müssen Sie sich bemühen, wirklich sehr schön zu schreiben, denn ein schlampig gestaltetes Flip-Chart hinterlässt einen schlechten Eindruck.

Sehr vorteilhaft ist es, den Präsentationsfahrplan auf das Flip-Chart zu schreiben. Das bringt zwei Vorteile. Erstens: Wenn Sie in der Präsentation einmal hängen bleiben sollten, finden Sie gleich wieder den roten Faden. Zweitens: Das Publikum hat den Fahrplan immer vor Augen und weiß genau, wo Sie sich in Ihrer Präsentation gerade befinden. Besonders professionell sieht es aus, wenn Sie die einzelnen Punkte des Präsentationsfahrplans am Flip-Chart abhaken, sobald sie fertig besprochen sind. Anzuraten ist auch die Mitnahme eigener gut schreibender Flip-Chart-Stifte.

Zwei Grundregeln sollten Sie bei der Verwendung des Flip-Charts beachten: Erstens: Drehen Sie den Zuhörern beim Schreiben niemals den Rücken zu, sondern stehen Sie seitlich zum Auditorium. Zweitens: Wenn Sie schreiben, dann ist Ihr Mund zu und wenn Sie reden, dann ist der Stift weg aus der Hand.

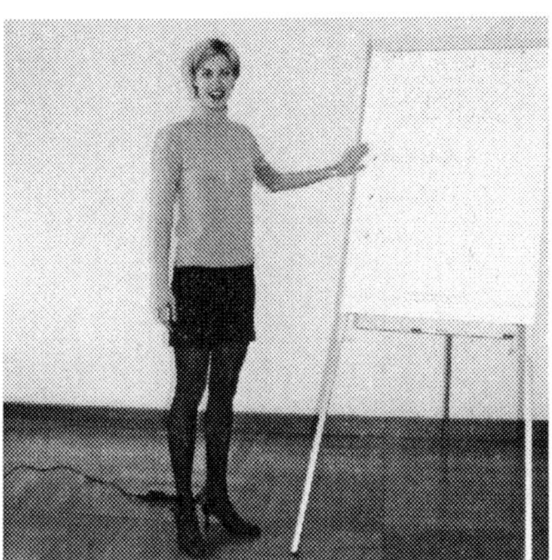

Das Flip-Chart

Am Flip-Chart lässt sich die Blickführung mit der Hand genauso gut verwirklichen wie an der Projektionswand. Das Flipchart eignet sich hervorragend zur Präsentation des Präsentationsfahrplans.

9.7.4 Whiteboard

Das Whiteboard (eine weiße Tafel, die mit löschbaren Stiften beschrieben wird) bietet den Vorteil, dass Sie Fehler beim Schreiben schnell korrigieren können. Allerdings sind die Tafeln meist schwer und unbeweglich und so im Raum positioniert, dass Sie dem Publikum den Rücken zuwenden müssten, wenn Sie die Tafeln beschreiben. Vom Einsatz des Whiteboards ist aus dem letztgenannten Grund abzuraten.

9.8 Körpersprache

Als Präsentator stehen Sie immer im Mittelpunkt des Geschehens. Sie leiten die Präsentation, erklären die Inhalte und versuchen zu überzeugen. Sie nehmen also eine Aufgabe wahr, die viel Autorität von Ihnen verlangt. Nur wenn Sie an sich und Ihre Präsentation glauben, werden Sie auch Erfolg haben. Es gibt unzählige Bücher zum Thema Körpersprache, die alle nur erdenklichen Bewegungsmuster, Körperhaltungen, etc. genauestens beschreiben und analysieren, doch ein zuviel des Guten verwirrt den Präsentationsneuling, weil es schwierig ist, während der Präsentation ständig auf jedes kleine Detail der Haltung, der Gestik und der Mimik zu achten. Ihre Körpersprache zu trainieren ist sehr schwierig. Wenn Sie eine Videokamera zur Verfügung haben, dann nehmen Sie sich auf und sehen Sie sich die Präsentation kritisch an. Sie erkennen sofort, wo Ihre Schwächen liegen. Können Sie sich keine Videokamera besorgen, so können Sie vor dem Spiegel üben. Die folgenden Fotos zeigen Ihnen Schritt für Schritt, wie Sie richtig präsentieren.

Das ist nichts! Die Tischplatte zerschneidet Sie optisch und der Overheadprojektor ist größer als Sie. Sie müssen aber im Mittelpunkt stehen- und zwar im wahrsten Sinn des Wortes STEHEN.

Präsentation im Sitzen

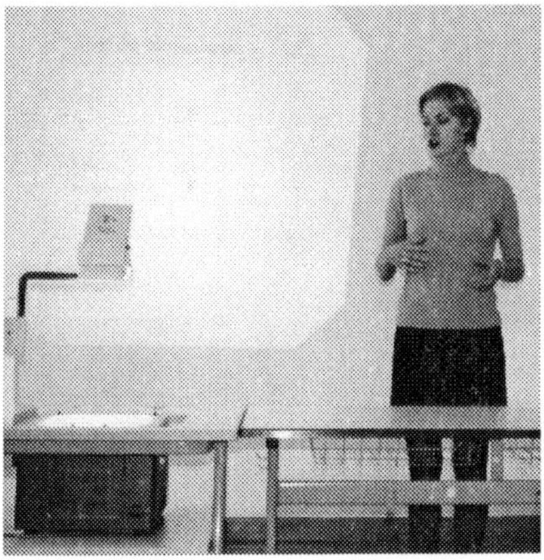

Wozu benötigen Sie den Tisch? Wollen Sie sich verstecken? Auch im Stehen zerschneidet Sie der Tisch optisch. Außerdem schränkt er Ihre Bewegungsfreiheit ein. Also: Weg damit!

Präsentation im Stehen

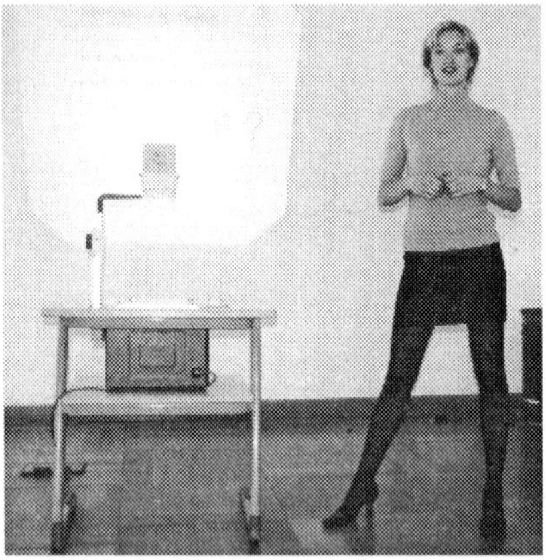

So ist es schon viel besser. Allerdings ist der Stand viel zu breit. Ein zu breiter Stand hinterlässt einen „Hammerwerfer"-Eindruck. Außerdem wirken Sie so viel zu plump. Die Beine gehören also näher zusammen.

Der breite Stand

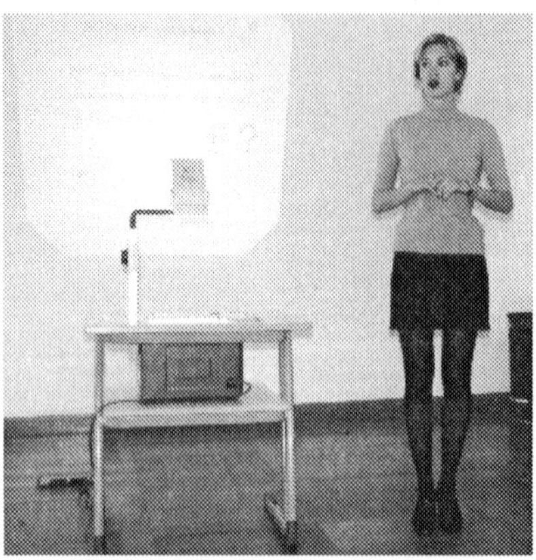

Halt! Nicht so weit zusammen! Jetzt sind Sie vollkommen labil. Wenn nun ein Windstoß kommt, fallen Sie um. Der Stand auf dem Foto ist viel zu eng.

Der enge Stand

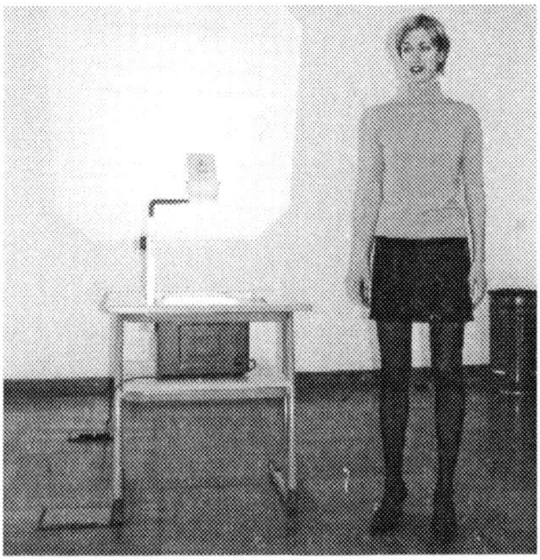

So, jetzt ist es richtig. Die Beine sind etwa schulterbreit voneinander entfernt. So machen Sie ein gutes Bild – standsicher aber nicht überheblich. Jetzt konzentrieren wir uns auf die Arme. Das sieht so noch nicht gut aus. Hängende Arme wirken zu statisch.

Der richtige Stand

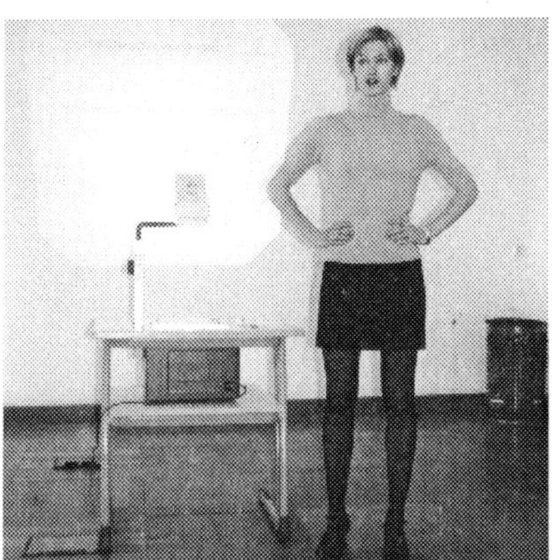

Sie brauchen Ihre Hüfte nicht zu halten, die hält ganz von selbst. Die Arme an der Hüfte sind eine Art Verteidigungsstellung. „An mich kommt nichts heran." Das wirkt nicht sehr sympathisch.

Arme an der Hüfte

Die Idee mit dem Stift ist ja ganz gut, weil Ihre Arme jetzt dort sind, wo sie hingehören – nämlich über der Gürtellinie. Aber der Stift in Ihren Händen hat einen großen Nachteil: Sie werden sicher beginnen, mit der Kappe zu spielen ...klick...klick...klick..

Der Stift in der Hand

Das ist natürlich auch nichts! Wieder zeigen Sie Abwehrgesten und wirken außerdem noch trotzköpfig und beleidigt.

Verschränkte Arme

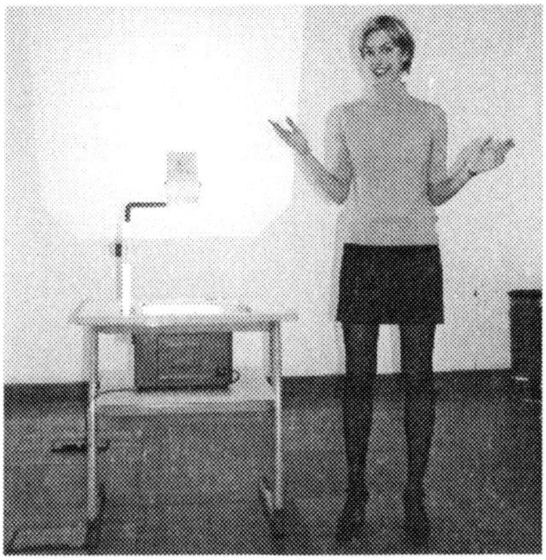

Na bitte! Das war doch gar nicht so schwer. Jetzt vermitteln Sie einen perfekten Eindruck. Sie zeigen Standsicherheit und beleben außerdem durch Ihre Gestik

Stand und Arme richtig

- **Gestik**

Beim Gestikulieren unterstützen und verstärken Sie Ihre Worte durch passende Arm- und Handbewegungen. Nur wenn Aussage und Gestik zusammenpassen wirken Sie glaubhaft. Halten Sie Ihre Arme und Hände immer ruhig, vergeben Sie sich selbst die positive Verstärkerwirkung zu der sie sonst benutzt werden könnten. Gestikulieren Sie zu stark, wirkt das unruhig oder sogar bedrohlich. Sehen Sie sich am besten die nachstehenden Fotos an. Ohne ein Wort zu hören, werden Sie wissen, was gemeint ist.

„Es war eine riesige Fläche...."

„Dort war eine ganz große Menschenmenge."

„Es gibt so viele Möglichkeiten."

Groß, viel

„Es war ein relativ kleines Buch."

„Die Schachtel war eigentlich ziemlich klein."

„Der Fisch hatte etwa diese Größe..."

Bescheiden, nicht sehr groß

„Der Spalt war so eng..."

„Es war eine ganz schmale Gasse..."

„Der Umsatz schrumpfte auf ein Minimum."

Eng, schmal

- **Mimik**

Je lebhafter Ihre Mimik ist, desto besser verstärkt Sie das, was Sie sagen wollen und desto stärker werden Ihnen Ihre Zuhörer an den Lippen hängen. Zuhörer wollen mitgerissen werden. Sie wollen, dass Sie Angst zeigen, wenn Sie über Angst sprechen und dass Sie Freude zeigen, wenn Sie über Freude sprechen. Nichts ist langweiliger als in ein regungsloses Gesicht zu sehen. Die nachstehenden Fotos geben Ihnen einen kleinen Einblick in das, was man durch Mimik alles ausdrücken kann.

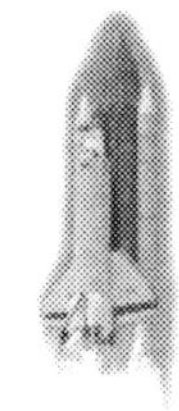

Der ruhige Gesichtsausdruck passt zu sachlichen Passagen ohne emotionale Höhen und Tiefen. Zahlen, Daten und Fakten werden oft von diesem Gesichtsausdruck begleitet.

Der ruhige Gesichtsausdruck

Ein offenes und herzliches Lächeln ist vor allem bei der Begrüßung der Zuhörer vorteilhaft, da es sofort Sympathie ausstrahlt und so eine angenehme Atmosphäre schafft.

Lächeln

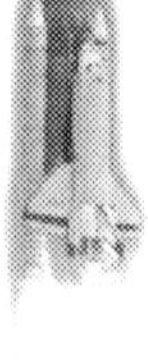

Hochgezogene Augenbrauen und weit geöffnete Augen helfen wichtige Stellen der Rede zu betonen. Das Lächeln wirkt bei einem positiven Inhalt noch verstärkend.

Betonung einer wichtigen Stelle

Jetzt wird es besonders emotional.
zusammengekniffene Augen und heruntergezogene Augenbrauen zeigen den Zuhörern, dass dem Redner die Situation die er gerade schildert ganz und gar nicht gefallen hat.

Ablehnung

Der skeptische Gesichtsausdruck verrät Ihren Zuhörern, dass Sie das was Sie sagen stark hinterfragen.

„Na ich weiß nicht, ob wir das Problem so lösen können", habe ich gesagt.

„Glauben Sie wirklich, dass das so funktioniert?"

Skepsis

- **Blickkontakt**

Wichtig ist auch Ihr Blickkontakt. Hier gibt es nie ein Zuviel sondern immer nur ein Zuwenig. Der Blickkontakt ist das Um- und Auf der Präsentation. Ungeübte Präsentatoren schauen ständig auf den Overheadprojektor oder auf die Wand. Nur wenn Sie Ihr Auditorium ständig ansehen und den Blickkontakt mit dem Einzelnen suchen verhindern Sie, dass die Zuhörer mit Ihren Gedanken abschweifen. Sie sollten versuchen alle Zuhörer möglichst gleichmäßig anzusehen. Seien Sie mit Ihren Blicken allerdings nicht zu sprunghaft sondern fixieren Sie jeden Einzelnen ein paar Sekunden lang.

Pro Gedanke ein Blick!

Versuchen Sie pro Gedanken eine Person aus dem Auditorium zu fixieren. Dann sehen Sie zur nächsten und bringen den nächsten Gedanken. Das folgende Beispiel soll das demonstrieren: Sie sehen Person 1 an und sagen: „BMW ist die bekannteste Automarke in Europa und in Asien". Jetzt fixieren Sie Person 2 und sagen „BMW verkauft allein in Deutschland jährlich 460.000 Autos."...

9.9 Knockout Formulierungen in den schriftlichen Unterlagen

Ihre Präsentation wird aus dem Rennen fallen, wenn:

⏭ Sie schlecht vorbereitet sind, wenig geübt haben und daher zu nervös wirken.

⏭ Sie mit den Zuhörern keinen Blickkontakt haben.

⏭ Sie den Zuhörern ständig den Rücken zudrehen.

⏭ Sie keine Visualisierungsmittel einsetzen.

⏭ Sie den großen Motivationstrainer spielen, der die Leute krampfhaft mitreißen will - das wirkt kindisch dumm.

⏭ Sie sich krampfhaft von anderen abheben wollen, indem Sie zum Beispiel auf den Sessel oder den Tisch steigen, wenn Sie über beruflichen „Aufstieg" sprechen.

⏭ Sie unpassend gekleidet sind. Die richtige Kleidung ist nicht nur beim Vorstellungsgespräch, sondern auch bei der Präsentation ganz wichtig.

⏭ Sie vergessen, die Sonnenbrille aus den Haaren zu nehmen.

⏭ Sie das Ihnen gesetzte Zeitlimit nicht einhalten.

⏭ Sie zu schnell oder zu langsam sprechen.

⏭ Sie Ihre Gestik unzureichend einsetzen.

⏭ Sie die Arme ständig hinter dem Rücken haben.

⏭ Sie mit einem Stift spielen.

⏭ Sie Ihre Präsentation nicht frei halten, sondern sie auswendig gelernt haben oder Sie alles ablesen.

⏭ Sie am Anfang keine kurze Inhaltsangabe machen, worüber Sie sprechen werden.

⏭ Sie sich nicht vorstellen.

⏭ Sie krampfhaft versuchen, wichtig zu sein.

⏭ Ihnen kein Lächeln über die Lippen kommt.

⏭ Sie schlampig ausgearbeitete Folien oder Flip-Charts verwenden.

⏭ Sie sich hinter dem Tisch „verstecken".

⏭ Sie nicht ruhig stehen, sondern zappeln.

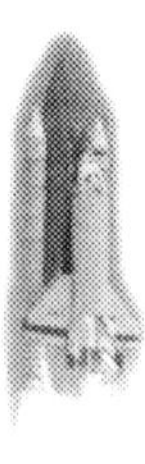

⏭ Sie nach dem Ende Ihrer Präsentation nicht auf die Fragen der Zuhörer warten, sondern sich gleich setzen.

⏭ Ihre Folien langweilig sind und das Layout schlecht ist.

⏭ Sie zu leise sprechen.

⏭ Sie monoton sprechen.

⏭ Sie präpotent auftreten.

⏭ Sie sich ständig mit den Händen durch die Haare fahren oder Sie sich dauernd ins Gesicht greifen.

⏭ Sie unbeteiligt wirken und Sie von Ihrem Thema nicht überzeugt sind.

⏭ Sie keinen Sympathietransfer zustande bringen.

⏭ Sie Ihr Auditorium nicht in die Präsentation mit einbeziehen.

⏭ Ihre Präsentation chaotisch oder gar nicht gegliedert ist.

⏭ Sie während der Präsentation Ihrer Kollegen nicht aufmerksam zuhören.

⏭ Ihre Folien unleserlich sind.

⏭ Sie nicht in ganzen Sätzen sprechen.

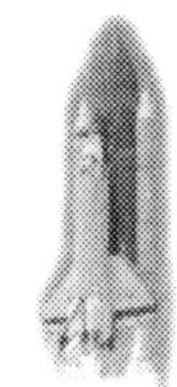

Literaturverzeichnis

Albert, Günther (1996): Betriebliche Personalwirtschaft. 2., aktualisierte Aufl., Ludwigshafen

Böhm Wolfgang/Justen, Robert (1990): Bewerberauswahl und Einstellungsgespräch: ein Leitfaden für die Praxis aus arbeitsrechtlicher und psychologischer Sicht. 4., neubearb. Aufl., Berlin

Bundesgesetz über Fachhochschul-Studiengänge (Fachhochschul-Studiengesetzt – FHStG) 1993 (BGBl. Nr. 340/1993, zuletzt geändert durch BGBl. I Nr. 72/1998)

Burkhardt, Michael/Stobbe, Corinna (1993): Das erfolgreiche Einstellungsinterview: Fach- und Führungskräfte professionell auswählen. Ehningen bei Böblingen

Curth, Michael/Lang, Brigitte (1990): Management der Personalbeurteilung. München

Deidesheimer Kreis (1997, Hrsg.): Hochschulzulassung und Studieneignungstests. Zürich

Fachhochschulrat (2000, Hrsg.): FHR Info 17 – Information für Antragsteller 2000. Wien

Grandidts, Andreas (1995): Die Auswahl und Beurteilung von Stellenwerbern – Instrumente, Methoden und Probleme der Anwendung. Diplomarbeit, Wien

Hesse, Jürgen/Schrader, Hans Christian (1994): Bewerbungsstrategien für Abiturenten. Frankfurt am Main

Hesse, Jürgen/Schrader, Hans Christian (1998): Testtraining 2000. Frankfurt am Main

Hooffacker, Gabriele (1990): Das Einstellungsgespräch und die Auswahl von Außendienstbewerbern. München

Ibelgaufts, Renate (2000): Professionelle Bewerberauswahl. Niedernhausen

Jetter, Wolfgang (1996): Effiziente Personalauswahl: durch strukturierte Einstellungsgespräche die richtigen Mitarbeiter finden. Stuttgart

Jax, Johannes (1993): Das Assessment Center als Instrument der Eignungsdiagnostik: zu beachtende Faktoren bei der Einrichtung des Verfahrens. Diplomarbeit, Wien

Jung, Hans (1999): Personalwirtschaft. 3., überarb. Aufl., München

Kitzmann, Arnold (1990): Assessment Center: Personalförderung und Personalauswahl. 3. Aufl., Bamberg

Krammer, Peter (2002): Aufnahmeverfahren an Österreichischen Fachhochschul-Studiengängen. Diplomarbeit, Wien

Kropp, Waldemar (2001): Systemische Personalwirtschaft: Wege zu vernetzt-kooperativen Problemlösungen. 2., unwes. Veränd. Aufl., München

List, Karl Heinz (1996): Wer ist qualifiziert?: Neue Wege bei Personalauswahl und Karrierebeurteilung. Köln

Jax, Johannes (1993): Das Assessment Center als Instrument der Eignungsdiagnostik: zu beachtende Faktoren bei der Einrichtung des Verfahrens. Diplomarbeit, Wien

Lienert, Gustav (1969): Testaufbau und Testanalyse. 3. Auflage, Weinheim

Lorenz, Michael (1998): Erfolgreiche Personalauswahl. Planegg

Minden, Jack J. R. van (1989): Psychologische Eignungstests. München

Oechsler, Walter (2000): Personal und Arbeit: Grundlagen des Human Resource Management und der Arbeitgeber-Arbeitnehmer-Beziehungen. 7., grundlegend überarb. und erw. Aufl., München

Pichler, Wolfgang (1993): Personalauswahl von Führungskräften. Diplomarbeit, Wien

Preuss, Achim/Knoll, Tilmann (2001): Computergestützte Assessmentsysteme. In: Personal, 3/2001, S. 128-131

Rischar, Klaus (1990): Optimale Personalauswahl: mit Assessment Center, Köln

Schmelzer, Manfred (2002): Entscheidungsprozess der Fachhochschulbewerber. Diplomarbeit, Wien

Schmitt, Irmhild Lisa/Werth, Claudia (1998): Personalauswahl in Unternehmen: zu einer Theorie der Auswahlpraxis. Mering

Schnippe, Christian/Schwarz, Gudrun (1999): Vorstellungsgespräche: Streßerleben und Möglichkeiten zu seiner Minimierung. In: Personal, 6/1999, S. 276-280

Spateneder, E. (1987): Zur Effizienz des Assessment-Center-Verfahrens bei der Personalauswahl. In: Betriebswirtschaftliche Blätter, Heft 4/1990, S. 159-163

Swan, William S. (1989): Den richtigen Mitarbeiter finden: Das erfolgreiche Einstellungsgespräch. Wiesbaden

Zimmer, Dieter (1993): Ganzheitliche Personalauswahl: Grundüberlegungen, Instrumente und praktische Hinweise für Führungskräfte, Bamberg

Anhang: Lebensläufe und Motivationsschreiben

Die folgenden Musterlebensläufe und Mustermotivationsschreiben sollen eine Unterstützung und Anregung bei der Erstellung Ihrer eigenen Unterlagen sein, nicht jedoch als Abschreibvorlage dienen. Nur mit auf Sie ganz persönlich zugeschnittenen Dokumenten können Sie optimal punkten.

⏭ Mustermotivationsschreiben - klassisch

Warum ich am FH-Studiengang Marketing & Sales studieren möchte:

Der FH-Studiengang Marketing & Sales bereitet mich optimal auf das spätere Berufsleben vor. Ich plane nach dem Studium in den Bereichen Public Relations oder Produktmanagement tätig zu werden und sehe dafür in diesem FH-Studiengang die für mich beste Ausbildungsmöglichkeit.

Bereits seit zwei Jahren habe ich in der Schule das Freifach „Marketing". Durch viele Projekte wurde meine Aufmerksamkeit für die Marketingbranche immer stärker. Meine bisher erworbenen HTL-Kenntnisse möchte ich mit dem Marketing & Sales Studium verknüpfen, denn in diesen Bereichen fehlt es zur Zeit an Experten und daher eröffnen sich hier beste Karrierechancen.

Ich habe mich ausführlich über verschiedene akademische Ausbildungswege im Marketing erkundigt. Vor allem wegen der Option ein Doktoratstudium absolvieren zu können, ist mir eine akademische Ausbildung sehr wichtig. Die hervorragende Kombination von Praxisbezug, fachspezifischer Theorie und allgemeinen Grundlagen fand ich nur am FH-Studiengang für Marketing & Sales. Als praktisch denkender Mensch, der aber auch gerne – zum Beispiel im Rahmen von Seminararbeiten – wissenschaftlich arbeitet, gibt es für mich keine vergleichbaren Alternativen. Daher habe ich mich auch nur bei Ihnen beworben.

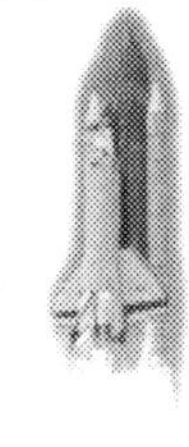

Was diese Ausbildung für mich und meine Zukunft bedeutet:

Es ist für mich sehr wichtig im Leben ein ausgewogenes Verhältnis zwischen Beruf und Freunden zu haben. Für beide Bereiche gilt das Adjektiv „glücklich" als Metaziel. Im Privatleben habe ich dies bereits erreicht, in beruflicher Hinsicht jedoch aufgrund meines Alters noch nicht. Ich beabsichtige Marketing & Sales zu studieren und anschließend in den Bereichen Werbung oder Verkauf mit Bautechnikschwerpunkt tätig zu werden. Die Ausbildung an der FH wird mich bestens auf das Berufsleben vorbereiten. Ich werde die branchenrelevante Theorie erlernen und durch die starke Praxisorientierung den besten Bezug zum „Day to Day Business" erhalten.

Weshalb ich sicher bin, dieses Studium erfolgreich abschließen zu können:

Ich bin mir sicher das Studium vor allem durch meinen Ehrgeiz und meine Konsequenz erfolgreich abzuschließen. Laut Ihren Informationsunterlagen erwarten Sie von den Bewerbern vor allem Motivation, Engagement und Teamfähigkeit. Ich kann Ihnen garantieren, dass ich diese Fähigkeiten mitbringe. Vor allem während meiner Praxis im Ausland stellte ich dies unter Beweis. Durch meine im Anhang dieser Bewerbung beiliegenden Arbeitszeugnisse können Sie sich ein Bild davon machen. Ich sehe mich als stark leistungsorientierten Menschen und möchte daher unbedingt das beste aus meiner Zukunft machen. Als offener, kontaktfreudiger und taktvoller Mensch werde ich auch meine soziale Kompetenz sehr gut im Bereich Marketing & Sales einsetzen können – sowohl in der

Ausbildung als auch im Berufsleben. Aufgrund meiner Berufsziele, meiner Eigenschaften und nicht zuletzt aufgrund meiner Freude an der Thematik „Marketing & Sales" bin ich mir absolut sicher, dass diese Ausbildung der absolut richtige Weg für meine Zukunft ist, und daher gehe ich voll Engagement in Ihr Aufnahmeverfahren.

⏭ Mustermotivationsschreiben - kreativ

Herr Mustermann, Sie bewerben Sich an der FH XY für den Studiengang Sport-, Kultur- & Veranstaltungsmanagement. Bitte erklären Sie Ihre Beweggründe für Ihren Entschluss an einer Fachhochschule zu studieren.

Mich begeistert die Idee, die hinter dem Konzept „Fachhochschule" steht – nämlich in 8 Semestern eine akademische Ausbildung mit Praxisbezug zu erhalten, die sich an den Anforderungen der Wirtschaft orientiert und bei der erstklassiges Studieren in Kleingruppen gewährleistet ist.

Und warum haben Sie sich gerade für den Studiengang Sport-, Kultur-, & Veranstaltungsmanagement entschieden?

Das ist ganz leicht erklärt. Veranstaltungsmanagement und Sport zählen zu meinen großen Interessen. Sport deswegen, weil ich mich von Kindheit an ständig damit beschäftigt habe und auch viele Sportarten aktiv ausübe. Veranstaltungsmanagement interessiert mich insofern, als mich große Veranstaltungen immer begeistern und ich vor allem die Präzision mit der große Events, wie etwa die Olympischen Spiele, geplant werden, bewundere.

Nun: Interesse an der Thematik ist ja eine wichtige Voraussetzung, aber um eine Fachhochschule besuchen zu wollen, muss doch noch ein bisschen mehr als bloß Interesse hinter Ihrer Entscheidung stehen?

Natürlich. Ich plane ja im Berufsfeld des Sport-, Kultur- und Veranstaltungsmanagements professionell tätig zu werden. Ich möchte vielen Menschen durch das Management großartiger Events Freude bereiten, Sie ein wenig aus dem Alltag herausholen. Konkret denke ich hier vorrangig an eine Tätigkeit im Bereich Sportveranstaltungen. Langfristig (in 7-10 Jahren) kann ich mir auch durchaus vorstellen selbständig zu werden.

Was genau begeistert Sie denn am Veranstaltungsmanagement?

Es ist einfach die Fülle der Aufgaben die alle professionell und unter Zeitdruck erledigt werden müssen. Man muss planen, entscheiden, anordnen und kontrollieren. Jede Veranstaltung ist anders, jede ist einmalig, jedes Mal muss man 120% Leistung bringen, um sicherzustellen, dass alles glatt über die Bühne geht. Auch wenn alles perfekt geplant und koordiniert ist, ist es ein „Zittern bis zum Schluss". Das ist das Aufregende am Management von Veranstaltungen.

Haben Sie schon Erfahrung in der Organisation von Veranstaltungen?

Ja. Ich habe bereits ein paar Einblicke in dieses interessante Berufsfeld gewinnen können. Zur Zeit organisiere ich beispielsweise ein Mountainbikerennen, das im Juni im Wienerwald stattfinden wird. Ich erwarte etwa 200 Teilnehmer und 600 Zuschauer. Ich habe die Veranstaltung geplant, die Behördenwege erledigt, Personalfragen geklärt, Sponsoren wie Red Bull und ONE, etc. akquiriert und die Promotion konzipiert. Die Arbeit bereitet mir sehr viel Freude und ich lerne jeden Tag etwas Neues. Das ist ja gerade das Schöne am Veranstaltungsmanagement.

Herr Mustermann, was sind denn eigentlich Ihre wichtigsten Stärken?

Meine größten Stärken sind Teamfähigkeit, Kontaktfreudigkeit und Stressresistenz.

Können Sie diese Aufzählung auch mit Beispielen belegen?

Ja gerne. Beginnen wir am besten gleich mit Stressresistenz. Im Sommer 2001 war ich als Praktikant bei Red Bull tätig. Ich arbeitete mit einer anderen Ferialpraktikantin zusammen, die eine wichtige Kundenpräsentation erstellen musste. Da das Konzept erst einen Tag vor der Präsentation fertig wurde, konnten wir nicht früher als 13 Stunden vor der Präsentation mit deren Erstellung beginnen. Die Kollegin war furchtbar nervös und hatte stets Angst, dass wir nicht fertig werden würden. Mich hat der Stress nicht nur motiviert, ich blieb während der gesamten Arbeit zu meiner eigenen Überraschung auch vollkommen ruhig. Damals habe ich das erste Mal so richtig realisiert, dass ich gut mit Zeitdruck und Stresssituationen umgehen kann.

Meine Teamfähigkeit musste ich zum Beispiel ständig im Rahmen des VW-Studiums an der WU-Wien unter Beweis stellen. Erst kürzlich arbeitete ich gemeinsam mit einem italienischen und einem französischen Studenten an einem Marketingkonzept mit Abschlusspräsentation. Aufgabenteilung, Durchführung der Arbeiten und Abstimmung im Team liefen immer reibungslos und produktiv ab. Das Schöne an der Teamarbeit ist die Erkenntnis, dass die gemeinsam gewachsene Idee meist mehr wertvoller ist, als die Summe der Werte der Einzelideen.

Nun zu meiner letzten Stärke, der Kontaktfreudigkeit. Ich habe schon in vielen unterschiedlichen Positionen in einigen Unternehmen gearbeitet und mich stets schnell in das soziale Gefüge eingelebt. Es hat mir nie Schwierigkeiten bereitet, mit anderen Leuten ins Gespräch zu kommen und mit zusammenzuarbeiten.

Nun zur letzten Frage: Mit welchen Erwartungen gehen Sie in das Aufnahmeverfahren?

Ich erwarte mir das Aufnahmeverfahren zu schaffen und werde auch alles geben, um das zu erreichen. Schließlich geht es für mich darum, die beste Ausbildung für die Verwirklichung meines beruflichen Ziels zu erhalten.

⏭ Mustermotivationsschreiben - Englisch

Letter of Motivation

In this letter of motivation I would like to point out the reason for my application at the University of Applied Science for XY.

Running a shop for mobile-phones in Austria between 1997 and 2002 I relatively soon recognized that I had the chance to generate a lot of cash out of my little company because I did my job quite well, but something was missing. I didn´t face a big challenge any longer – the mobile-phone-shop-project was not the thing I expected to be big business. I got an offer to work with Nokia in France, attended a 2-month-language course there and started to work with the company. I was responsible for organizing the service center. Beneath my responsibilities in my new job I also managed my shop in Austria during this period. I enjoyed working abroad so much that I decided to keep on the "international track".

To get an interesting international job with a high level of responsibility I had to get out of the mobile-phone-retailing-industry and to look for an appropriate education which is able to transfer detailed economical knowledge and skills for working abroad. Universities of Applied Science offer both – a theoretical background and a practical approach to the business field they educate for. Due to my strong interest in international business know-how, foreign trade, international relations and my career goals I apply with you. After having passed the University of Applied Science for XY I want to work

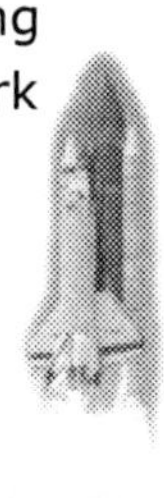

with an international company in Eastern Europe or South Africa and concentrate on innovation management there.

I expect your focus on management, economics, communication management, law and international relations, export-oriented management and on languages and the possibility to work 2 semesters abroad to be a guarantee for challenging job-opportunities after having passed the program. As a very open minded, team oriented, target oriented and self motivating person I am sure that I will be able to join and to finish your program.

From my point of view there is no better way to reach my career goals than studying with you.

⏭ Musterlebenslauf - antichronologisch

LEBENSLAUF

Persönliche Daten:

FOTO

Name:	Angela Musterfrau
Geburtsdatum:	22.11.1982
Nationalität:	Österreich
🖂:	1190 Wien, Mustergasse 11
✆:	0699/11 22 333
@:	angela.musterfrau@gmx.at

Berufspraxis:

2001 London **ANA Grand Hotel** – Cost Control, 3 Monate

- Verbuchung und Prüfung sämtlicher interner Rechnungen
- Aktualisierung aller "Month-End-Reports"

2000 Wien **Wiener Hilfswerk**, 1 Monat

- Betreuung der Patienten, Kommunikation
- Erstellung von Animationsprogrammen

1999 Seefeld **Hotel Sonnenschein** – Service, 3 Monate

- Betreuung der Gäste im Restaurant
- Vor- und Nachbereitung des Services

Schulbildung:

1997 - 2002	Hotel und Tourismusschulen Modul – Höhere Lehranstalt für Tourismus, Wien Matura im Juni 2002
1993 - 1997	Kollegium Kalksburg, Wien
1989 - 1993	Volksschule, Wien

Spezielle Ausbildung:

1998 - 1999	Absolvierung des einjährigen persönlichkeitsbildenden Seminars: Rhetorik und Verhaltenstechnik, Abschlussprüfung

Sprachen:

Englisch:	sehr gute Kenntnisse 3 Monate Auslandsaufenthalt Kurs am ELS Language Centre - Upper Intermediate
Französisch:	Maturaniveau

Sonstiges:

EDV:	Microsoft Word, Excel, Outlook, Access, Power Point
Sport:	Volleyball, Springreiten, Rollerbladen

Unterschrift
Wien, am 7. Mai 2002

⏭ Musterlebenslauf – chronologisch

LEBENSLAUF

Persönliche Daten:

FOTO

Name:	Angela Musterfrau
Geburtsdatum:	22.11.1982
Nationalität:	Österreich
✉:	1190 Wien, Mustergasse 11
✆:	0699/11 22 333
@:	angela.musterfrau@gmx.at

Berufspraxis:

1999 Seefeld **Hotel Sonnenschein** – Service, 3 Monate

- Betreuung der Gäste im Restaurant
- Vor- und Nachbereitung des Services

2000 Wien **Wiener Hilfswerk**, 1 Monat

- Betreuung der Patienten, Kommunikation
- Erstellung von Animationsprogrammen

2001 London **ANA Grand Hotel** – Cost Control, 3 Monate

- Verbuchung und Prüfung sämtlicher interner Rechnungen
- Aktualisierung aller "Month-End-Reports"

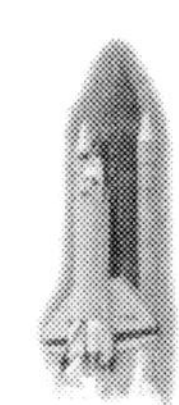

Schulbildung:

1989 – 1993 Volksschule, Wien

1993 – 1997 Kollegium Kalksburg, Wien

1997 – 2002 Hotel und Tourismusschulen Modul –
Höhere Lehranstalt für Tourismus, Wien
Matura im Juni 2002

Spezielle Ausbildung:

1998 – 1999 Absolvierung des einjährigen persönlichkeitsbildenden
Seminars: Rhetorik und Verhaltenstechnik, Abschlussprüfung

Sprachen:

Englisch: sehr gute Kenntnisse
3 Monate Auslandsaufenthalt
Kurs am ELS Language Centre – Upper Intermediate

Französisch: Maturaniveau

Sonstiges:

EDV: Microsoft Word, Excel, Outlook, Access, Power Point

Sport: Volleyball, Springreiten, Rollerbladen

Unterschrift
Wien, am 7. Mai 2002

⏭ Musterlebenslauf – mit Berufserfahrung

FRANZ MUSTERMANN

PERSÖNLICHE DATEN:

Name:	Franz Mustermann
Geburtsdatum:	24.12.1981, Wien
Nationalität:	Österreich
✉:	1140 Wien, Berggasse 22
✆:	0664/22 33 444
@:	franz.mustermann@yahoo.com

FOTO

BERUFLICHE ERFAHRUNG

Seit 03/02 — **RLB-Maschinenbau** – Lohnbuchhaltung, 30 Wochenstunden
- Einnahmen-, Ausgabenrechnung
- Lohnverrechnung

Seit 03/01 — **Selbständige Organisation von Schulevents**
- Schulball BRG Wien V
- Maturaball BRG Wien XIII

SONSTIGE NEBENTÄTIGKEITEN

Seit 1999 — PR-Agentur Lichtblau
GFK- Markt-, und Meinungsforschung
One Connect Austria

Präsenzdienst

07/01 - 03/02 Maria Theresien Kaserne, Ehrenkompanie der Garde

Ausbildung

09/92 - 06/01 BRG XIII, Wattgasse 33
Matura 2001, guter Erfolg

Weiterbildung & Seminare

04/02	Wertpapierhandel 1, Wiener Börse Akademie
03/02	Einführung Wertpapiere und Börse, Wiener Börse Akademie
01/01	Kommunikationstraining, Seminaragentur S.G.V.

Besondere Kenntnisse

• IT-Skills	MS Windows, Office, Internet	
• Sprachen:	Englisch:	sehr gute Kenntnisse
	Italienisch:	Maturaniveau

Interessen & Aktivitäten

• Sport	Volleyball, Laufsport, Mountainbiken
• Allgemein:	Politik, Reisen, Internet

Unterschrift
Wien, am 7. Mai 2002